资本市场与财务会计问题研究

孙吉　茹晨茜　　著

延邊大學出版社

图书在版编目（CIP）数据

资本市场与财务会计问题研究 / 孙吉，茹晨茜著
. -- 延吉 : 延边大学出版社，2021.11
    ISBN 978-7-230-02357-3

    Ⅰ．①资… Ⅱ．①孙… ②茹… Ⅲ．①上市公司－财
务管理－研究－中国 Ⅳ．①F279.246

中国版本图书馆CIP数据核字 (2021) 第224594号

资本市场与财务会计问题研究

著　　者：孙　吉　茹晨茜
责任编辑：翟秀薇
封面设计：王　朋
出版发行：延边大学出版社
社　　址：吉林省延吉市公园路977号　　邮编：133002
网　　址：http://www.ydcbs.com
E-mail:ydcbs@ydcbs.com
电　　话：0433-2732435　　　　　传真：0433-2732434
发行部电话：0433-2733056
印　　刷：北京市迪鑫印刷厂
开　　本：787毫米×1092毫米　　1/16
印　　张：8
字　　数：176千字
版　　次：2022年3月第1版
印　　次：2022年3月第1次印刷
ISBN 978-7-230-02357-3

定价：54.00元

前　言

　　资本市场指的是长期资金市场，通常是指市场上相互交易的对象长时间进行的资金借贷和证券交易，有着较长的期限并承担着较大的风险，且收益相对稳定。近年来，随着经济的发展和现代化建设进程的加快，资本市场相关的观念开始普及，我国资本市场逐渐发展成熟。资本市场在不断变化，相应的会计准则和财务管理也随之变化，对此，我国必须在原来的会计准则上做相应的补充，完善相关的财务管理制度。

　　财务信息是联系上市公司和投资者的桥梁，是投资者进行投资决策的参考。当前的资本市场发展离不开有效、可靠的财务会计信息，各企业财务会计信息的真实性、准确性和时效性必须得到保证，满足市场的需求，才能实现两者间最完美的融合，共同推动我国社会经济的发展。资本市场与财务信息具有密切的关系，财务会计信息是不可或缺的，而资本市场又是至关重要的。

　　本书主要分析了资本市场与财务会计问题，首先介绍了资本市场、财务会计、以及信息化时代下财务会计的相关内容，然后详细阐述了资本市场与财务的融合、资本市场与会计的融合，最后对资本市场与财务会计进行重点研究和探讨。希望能够为相关工作人员对资本市场财务会计问题的研究提供一定的参考。

　　本书在撰写过程中参考了大量的著作与文献，在此一并向相关作者表示衷心的感谢！书中的不足之处，希望广大读者给予批评指正。

目　录

第一章　资本市场···1

 第一节　我国资本市场的现状···1

 第二节　资本市场的货币政策传导机制··4

 第三节　资本市场风险投资退出机制···8

 第四节　企业债券融资方式···11

 第五节　我国资本市场的监管及效率提升··15

第二章　财务会计···21

 第一节　当代财务会计的发展趋势···21

 第二节　财务会计的目标定位··24

 第三节　财务会计、权利与财务会计目标··26

 第四节　财务会计的作用探析··28

 第五节　财务会计的信任功能··30

 第六节　财务会计与税务会计的差异和协调···32

 第七节　资本市场注册会计师"吹哨人"制度···38

第三章　信息化时代下的财务会计··43

 第一节　企业财务会计信息化问题···43

 第二节　会计信息化与企业财务管理··45

 第三节　会计信息化下的财务会计流程优化···50

 第四节　财务会计与管理会计的信息化融合···53

 第五节　财务共享服务的管理会计信息化··56

 第六节　中小企业财务会计信息化的发展··58

第四章　资本市场与财务的融合　　62

  第一节　内部资本市场的财务协调效应　　62

  第二节　财务报告的作用及其对资本市场的影响　　67

  第三节　财务分析师在我国资本市场中的功能　　69

  第四节　财务信息披露制度与资本市场　　72

  第五节　资本市场中的公司财务战略性发展　　76

  第六节　企业资本运营中的财务管理　　81

  第七节　财务管理与资本结构之间的关系　　83

第五章　资本市场与会计的融合　　86

  第一节　资本市场的会计信息粉饰现象　　86

  第二节　我国资本市场的会计信息透明度　　89

  第三节　从会计估计看资本市场会计信息质量　　92

  第四节　会计信息质量与资本市场发展　　95

  第五节　资本市场中的会计舞弊行为及审计方法　　97

第六章　资本市场环境下的财务会计　　102

  第一节　资本市场财务与会计问题　　102

  第二节　资本市场框架下的财务与会计作用　　105

  第三节　资本市场与财务会计目标　　110

  第四节　资本市场会计信息披露问题　　114

  第五节　基于财务柔性的企业价值实现路径　　117

参考文献　　120

第一章 资本市场

第一节 我国资本市场的现状

目前，我国资本市场已经具备了一板、二板、三板以及科创板等板块市场，但各个板块的市场仍存在缺陷。本节通过分析我国资本市场各个板块市场的发展现状，找出我国资本市场存在的问题，并从行业、市场和投资者等角度给出建议，以促进我国资本市场更好、更快发展。

与西方发达国家相比，我国的资本市场出现得较晚，起步于改革开放初期。从发行国库券到发行金融债券和企业债券，再到发行少量的股票，整个 20 世纪 80 年代，我国的资本市场都处于萌芽与发育阶段，没有规范的制度，缺乏统一的监管，投资者盲目投资，不具备市场规模。随着 20 世纪 90 年代上海证券交易所（以下简称上交所）与深圳证券交易所（以下简称深交所）的陆续成立，以及国家对资本市场相关法律法规的完善，我国资本市场开始高速发展，此时的资本市场已经初具规模，但其子市场发展不平衡，而且投资者大多具有很强的投机心理。进入 21 世纪，随着中国证券监督管理委员会职能的完善以及相关监管法规的出台与实施，我国资本市场开始改革与发展，资本市场规模逐渐扩大，金融产品种类呈现多样化趋势，资本市场的管理逐渐规范化。然而，我国的资本市场仍存在很多问题亟待有关部门处理和完善。

一、我国资本市场的发展现状

自 1990 年上交所成立，我国的资本市场已历经了 31 年的发展。在资本市场中，证券市场的发展尤为重要，虽然证券化的金融资产显著增多，但目前我国仍存在"沪深"交易所交易高度集中的情况，银行长期借贷市场主要面对信用风险低的国有企业及大中型企业，小微企业和民营企业的发展受限。纵观证券市场，上市公司在信息披露方面透明度低、大股东恶意操纵资本市场导致中小投资者蒙受损失等现象层出不穷。一板市场、二板市场、三板市场以及新推出的科创板市场相辅相成，形成了我国资本市场多层次发展的新局面。

（一）一板市场

一板市场，即主板市场，金融界也习惯称其为证券市场，是一个国家或地区发行证券、上市及买卖的主要场所。我国主板市场主要集中在上海和深圳。主板市场对股票发行者的要求较高，主要体现在经营期限、股本、盈利能力、最低市场价值等方面，其主要功能是为大型且较成熟的上市公司提供融资和交易环境。

（二）二板市场

二板市场包括创业板、中小企业板等板块。二板市场比主板市场更具前瞻性，同时，也承担着更高的风险，因此，国家对其监管较严。关于投资主体资格这一方面，与对主板市场"最近三个会计年度净利润为正，累计净利润不低于3000万元"的要求相比，创业板的要求只是"最近两个会计年度连续盈利，累计净利润不低于1000万元"等。由此可见，相较于主板市场而言，创业板市场有着更低的准入门槛，给予中小企业融资机会，同时，其又保证风险资本的无负担退出。但创业板市场存在募集资金高、发行价高、市盈率高等问题。

（三）三板市场

三板市场于2001年成立，全称是"代办股份转让系统"。三板市场的创建初衷是解决股票的历史遗留问题，一方面是为了解决股份公司法人股的转让问题，另一方面是给主板的退市股票提供去处，防范退市可能带来的风险。2006年，中关村科技园区非上市股份公司进入代办转让系统，进行股份报价转让，称为"新三板"（目前"新三板"已经改为北京证券交易所），这在一定程度上弥补了一、二板市场的不足。高新技术企业纷纷进入新三板交易，如今的三板市场已经不仅仅是即将倒闭的公司的收容所了。在挂牌放缓的前提下，我国新三板市场将愈加重视优化制度改革，新三板将在推广发行制度改革的同时，持续加强市场分层的精细化和有效性，以满足各种类型挂牌公司的多元化需要。同时，新三板也越来越突出差异化。

新三板市场作为我国多层次资本市场的重要组成部分，为我国经济的发展尤其是在拓宽中小企业的融资渠道方面做出了巨大的贡献，取得了瞩目的成绩。同时我们也需看到，新三板市场的发展也才短短几年时间，对比发达国家的成熟市场建设，弊端明显，远远无法满足市场参与主体的实际需求，资本市场的建设仍任重道远。

借助这次新三板市场的全面深化改革，打造一个规范、透明、开放、有活力、有韧性的资本市场。期待新三板市场能够脱胎换骨，沿着健康有序的方向快速前进，成为构建我国制度多元、功能互补的多层次资本市场的一支重要力量。

（四）科创板市场

科创板与创业板相似，但科创板在创业板的基础上进行了更多的创新。同时，科创板也实行了许多新的制度，如对于新股前五日的交易不设置涨停板与跌停板、不对发行市盈率设置要求以及注册制等。在实施这些创新制度的同时，科创板也提出了我国资本市场的最高准入门槛，即科创板的个人投资者需要满足在 20 个交易日拥有日内均 50 万证券投资的同时，还要有两年的投资经验。设定这种高门槛的初衷是为了保护投资者，防止散户盲目投资。然而，这样的高门槛似乎没有挡住源源不断地进入科创板的资金。

二、我国资本市场存在的问题

（一）退市制度存在问题，资本市场参与者抱有投机心理

我国资本市场的各参与者各自独立运行，主板和中小企业板市场公司退市有去无回，创业板市场的退市制度没有效果，科创板的高准入门槛也阻拦不住投资者源源不断的资金，各板市场之间缺少转板互动机制。在退市标准方面，由于量化指标单一，容易操控，致使很多始终亏损的企业能够在濒临退市前规避退市，拉低了整个证券市场的水平，影响我国证券市场的发展。同时，证券市场参与者大多抱有投机心理，存在不理性现象，不利于我国证券业的发展。

（二）我国资本市场尚未完全开放

我国资本市场的不完全开放使我国没有在全球金融危机中遭受重创，但由于我国拥有一个庞大的经济系统，与国际市场的关系越来越密切，资本市场的开放在所难免。我国民众更青睐于参与股票市场，很少有人了解并参与期货、基金市场等，这就形成了我国证券市场没有多方面发展的局面。

（三）机构投资者占比偏小，影响力不足

经过最近几年的不断发展，以基金投资者为代表的各类机构投资者迅速成长，但整体上仍然没有占据主导地位，我国资本市场目前仍以个人投资者为主。机构投资者大规模集聚资金的能力和作用还未整体显现。以股票市场为例，大部分投资者仍以短线炒作为主，长期持有型价值投资者并不多见。各种类型的机构投资者在理念和标的方面也表现出相当程度的同质性，长期下去，非常不利于资本市场的健康发展。而且，证券投资基金的产品种类较少，创新性品种更是缺乏。基金市场在资产管理和产品品类上都不够均衡，现有基金管理公司的股东结构不甚合理，长期激励机制和监督约束机制也不完善。类似保险公司、社保基金、企业年金等类型的机构投资者参与严重不足，仍有巨大的发展空间。伴随基金业规模的不断快速扩张，该行业急需大量专业人才，目前来看，人才瓶颈的问题越来越突出。

三、对我国资本市场的建议

（一）提高证券公司的创新意识

在国内进一步扩大证券市场，争取做到全民参与。同时，加强证券公司的创新意识，使证券行业向多样化发展。

（二）完善上市公司的退市制度

相关部门要完善上市公司的退市制度，对退市风险进行预警，防止因退市而导致的投机和炒作现象。同时，有关监管机构要对各板块的上市公司进行严格监管，尽量减少上市公司的退市行为。

（三）渐进开放资本市场

为了尽量避免资本市场全面开放对我国金融业产生过于强烈的冲击，应渐进地、分阶段地开放资本市场。在提高开放水平的同时，合理地安排开放顺序。

（四）保护中小投资者的权益

完善相关监管法律法规，保护中小投资者的合法权益，鼓舞中小投资者，让他们对资本市场充满信任，加大民众对资本市场的参与度。

我国资本市场仍处于发展初期，还有很多需要改进和创新的地方。希望国家和有关部门结合各板块的发展情况对各板块准入及运行制度进行适当的改进，同时，站在国家、市场和投资者的角度协调整个行业的发展，以保证我国资本市场更好、更快地发展。

第二节　资本市场的货币政策传导机制

我国资本市场经历了多年的快速发展，我国整个金融大环境也发生了巨大的变化，货币政策的传导机制不再呈现出单一的性态，资金流动已经由原来的银行部门与实体经济部门之间的流动扩大到货币市场、资本市场与实体经济部门之间的流动。资本市场对国民经济运行的影响越来越大。本节将通过研究指出资本市场对货币政策传导机制产生的影响，并给出相应的政策建议，即转变传统货币政策目标、货币政策，多关注资本价格、疏通货币政策资本市场的传导机制，从而改善货币政策的传导机制。

我国资本市场发展迅速，为整个实体经济提供了大量的资金支持，其对经济发展的推动作用不可忽视，但是随着资本市场的发展，尤其是股票市场的快速增长，资本市场中滞留了大量资金，对货币政策的实施效果产生了重要影响。因此，研究我国货币政策的资本市场传导机制具有非常重要的理论和实践意义。

一、货币政策在资本市场传导机制的理论分析

（一）货币政策传导到资本市场的途径

1.通过利率影响资本市场

利率水平会对资本市场产生重要影响，主要包含成本作用和信息作用。成本作用主要是指利率变动导致资本市场上资本使用价格的变动，利率通常意义上也就是资金的使用价格，即资金的机会成本，是利率变动导致对资金需求量的变动，会影响资金流向资本市场的总量。信息作用是指，利率的变动会影响投资者对未来资本市场的预期，反映在即期股价之中，从而改变资产负债结构，影响资本市场中资金量的总额。当预期未来资本市场繁荣时，资金会大幅度流入，相反则会流出。

2.通过货币供应量影响资本市场

通过控制货币供应量来影响资本市场、中国人民银行公开市场业务和调节存款准备金。公开市场业务是中国人民银行在公开市场上买卖债券，以此来控制整个市场上货币的总量。卖出债券回笼货币资金，买入债券增加货币供给，提高流动性。资本市场中资金不充足会导致证券需求量下降，其市场表现为卖出证券的倾向，从而引起资本市场价格下跌，相反，则资本市场价格上升。中国人民银行通过调整存款准备金率影响货币供应量，提高法定存款准备金率会导致货币供应量下降、资本市场资金不充分，证券市场供过于求、资产价格下降，相反，则供不应求、价格上升。

（二）货币政策通过资本市场传导至实体经济

1.Q值渠道

托宾Q理论用资产价值与企业重置成本的比值来衡量公司业绩表现或公司成长性的重要指标。企业的资产价值高于企业重置成本，即托宾Q值大于1时，此时减少股票发行并增加投资品购买是对企业有利的，资金会大幅度流入实体经济，用来扩大再生产或者再投资会促进企业经济增长；若企业的资产价值低于重置成本，即托宾Q值小于1时，此时减少投资品的购买、增加股票发行是对企业有利的。

2.财富渠道

资本市场的繁荣会使消费者的总体财富增加，消费能力和消费水平也会增加。"庇古效应"的核心理论指出，财富是消费行为最为重要的决定因素之一。消费需求的增加又促进国民总产出增加，所以从财富渠道来讲，资本市场的繁荣会促进生产，从而带动实体经济增长。

3. 流动性渠道

所持资产的流动性是消费者考虑的重要因素，为避免陷入财务困境，个人和企业会配备一些流动性较强的金融资产来作为应对手段。困难系数是消费者个人负债额与金融资产的比值，一般将它作为衡量是否有财务困难的指标。当资本市场上的资产价格上涨，财务困难系数就会变小，此时消费者出现财务困难的概率较低，更倾向于购买耐用品或者住房，企业投资倾向变大，社会总产出增加。

4. 资产负债表渠道

资本市场上的信息不对称情况通过股票价格对企业的资产负债表产生影响，主要表现为逆向选择和道德风险，会导致银行降低贷款意愿，企业无法从银行获得贷款进而影响企业的投资活动。为解决这一问题，企业应该增加其净资产，企业净资产的增加代表企业在获得贷款时担保品价值的增加。最终的传导机制为，货币供应量的增加使得资本市场上股票价格上涨、企业的净资产增加，银行提升企业评级，贷款增加，企业获得更多的资金进行投资，总产出增加。

二、资本市场影响货币政策效果

（一）资本市场影响货币的需求

资本市场对货币需求量的影响有三个方面：财富效应，交易效应和替代效应。一般而言，财富效应会大于替代效应，即当资产价格上涨时，会增加对货币的需求量。指定货币政策并没有将这部分货币需求考虑在内，配备相应流通的货币，货币政策仍然只停留在实体经济的层面上，央行采取货币政策时未考虑资本市场对货币的吸收和释放作用，导致货币政策不足或太过，无法很好地实现促进实体经济发展的目的。

（二）资本市场影响货币供给

首先，资本价格的上涨会导致资金流动性增强，流通中现金（M0）和广义货币供应量（M2）快速增长，货币流动性比例持续上升。再者，考虑到机会成本，资产价格上涨会使储蓄的机会成本上升，货币供应量下降。最后，资本市场影响广义货币的实际供给能力，货币供应量减少，阻碍实体经济的发展。

（三）资本市场影响货币政策中介目标

资本市场经过二十多年的发展，对货币政策的影响越发显著。在这一前提下，依然将货币供应量作为货币政策的中介目标显然会诱发许多问题，货币供应量不再像只存在单一市场时具有很好的可测性，对货币供应量的整体控制力会降低，与其他经济指标之间的相关性也会逐渐降低，中国人民银行想通过货币供应量来获知宏观经济运行状况的可操作性也会随之降低。总结其原因，主要有以下几个因素：首先，证券资产和货币资产之间具有一定的可替代性，真实的货币需求量与资本市场存在一定的联系；其次，资本市场上滞留了大量的货币资金，使货币需求结构和货币供应量的可控性降低；最后，资本市场上存在很多不确定因素，影响着货币乘数，尤其是我国资本市场起步晚、管理不完善等对货币中介目标的影响更为突出。

（四）资本市场影响货币政策的最终目标

资本市场价格的上涨会改善企业和消费者的资产负债表，刺激消费，使得价格不能很好地反映价值。资金流动逐利性会造成实体经济中资源配置的错位。资本市场上价格的下跌会引起企业和消费者财务状况的恶化，特别是资本市场受投资者情绪和预期影响明显，恶化的财务状况使得企业和消费者大幅度减少消费行为，经济可能陷入通货紧缩的恶性循环。

三、解决方法

（一）转变传统货币政策目标

利率作为一种衡量标准，其优势是具有很好的稳定性，而且利率的变动反应非常迅速，可测性和可控性相对较高，具备作为货币政策中介目标的条件。目前，我国利率已经市场化，监测和运用更加方便，可靠性更强。

利率的可测性主要体现在，利率是资金的使用价格，反映了资金供给双方在货币市场投放和吸纳资金方面的力量，可测性强；利率随时波动，即时性强，能为中国人民银行提供及时的数据，便于央行迅速做出反应、采取措施。央行通过调整基准利率能很好地影响利率市场，具有良好的可控性。货币的逐利性能有效引导投资者和消费者在恰当的时间和领域内进行消费投资。

（二）货币政策操作多关注资产价格

资本价格的波动已经对整个货币政策健康有效的运行产生了重大影响，从短期来考虑，中国人民银行在制定货币政策时不能忽略资产价格，应该充分考虑资本市场的运行状况，密切关注资本市场的发展和资本价格的变动。

资本市场上最需要关注的是股票市场，应关注股票价格、防范股市风险，我国股票市场与国外相比波动幅度明显更大，市场上投机行为过度、信息不对称等情况造成资本市场虚高，继而冲击了实体经济。

第三节　资本市场风险投资退出机制

随着我国经济的飞速发展，资本市场的发展也取得了不错的成绩，资本市场向着多层次、多维度的方向迈进，对于风险投资领域而言，资本市场的发展从根本上推动了风险投资领域的飞速前进。虽然风险投资为我国经济的发展做出了卓越的贡献，但是相较西方发达国家而言，因为我国资本市场的起步较晚，发展建设的周期不长，所以在建设阶段存在的问题较多，其中最为突出的是风险投资退出机制的不完备。风险投资退出机制作为风险投资行业的重要组成部分，不完备的退出机制会从根本上影响风险投资行业的发展，所以，建立完善、有效的风险投资退出机制势在必行。本节以资本市场风险投资退出机制的路径为主题展开谈论，旨在为该领域的工作者提供理论性的参考依据。

一、资本市场风险投资概述

（一）资本市场风险投资的概念

在市场经济体制建设的过程中，资本市场风险投资是建设过程中的必然产物，顾名思义，它是一种投资行为。资本市场风险投资，是一个专业性较高的领域，它需要以较高的专业知识和科技水平为根本，将资金投入到高新技术产业中，对产品、创新服务、先进技术等进行投资。在资本市场风险投资中，存在的风险与获得的收益两者之间成正比关系，高风险对应高收益，反之亦然。

（二）资本市场风险投资退出机制的重要性

资本市场风险投资退出机制作为风险投资体系的核心内容，其内容是否得当直接影响着风险投资的投资收益，所以资本市场风险投资退出机制的重要性不言而喻。在风险投资领域中，资本市场风险投资退出机制的特点是将资金投入到全新的领域、产品的创新和服务的创新中，对于所投项目的前景不抱希望时，要及时将资本退出，以提高资本收益率，保证投资的有效性。由此可以看出，在资本市场中的风险投资与一般的投资项目有所不同，其中最重要的特点是对变现的要求较高，所以，在资本市场风险投资中，退出机制起着重要的作用，选择合适的退出机制方式，既可以保障风险投资的有效性，又可以有效提高资本收益率。

二、现阶段我国资本市场风险投资的退出方式

（一）股权转让退出

股权转让退出，是现阶段风险投资退出的主要方式，是将自身的股份按照法律规定来进行的转让行为。一般情况下，股权转让会涉及收购和兼并两个类别，对于上市企业中成熟度较高的企业，在风险投资的退出途径上十分适用股权转让退出，其操作较为简洁，需要花费的退出经费也较少。这种退出方式存在着一些弊端，如退出时的投资收益不理想，不易找到股权的接收者等，这些问题会在无形中影响企业的经营管理。

（二）第一次公开发行退出

第一次公开发行退出在现阶段的资本市场风险投资退出机制中的应用较为普遍。通过第一次公然发行退出方式，可以获取较高的投资收益，据不完全统计，投资收益能够达到4～6倍，甚至更高。在资本市场中进行风险投资的最终目的是获取高额利润，而第一次公然发行退出的利润是非常可观的，所以这是风险投资的首选退出方式，也是被广泛使用的方式。这种退出方式的弊端在于，由于我国对上市企业进行严格的审核，而其中的手续和流程较为烦琐，所以选择此种退出方式所需要的时间和成本也较高。

（三）清算退出

资本市场中的风险投资，其风险系数不言而喻，资本市场风险投资的项目或者企业，并不能保证百分之百的收益，有的项目或者企业在获得投资之后，由于内部经营不善或者外部市场环境影响，从而出现破产的情况比比皆是。面对这种情况，对风险投资者而言，要及时采取清算退出的方式，清算退出往往是对投资者的投资进行止损，如果不采取这种方式，可能会给投资者带来更大的损失。

三、当前我国资本市场风险投资退出机制存在的问题

（一）行业的法律法规不完善

任何行业的健康、良性发展，都必须要有完善的法律法规作为依托，以此来规范行业的发展。在我国的资本市场中，由于其起步较晚，虽然风险投资相关的法律也有设立，但是法律制度条款的不完善和不健全，最终导致了我国资本市场风险投资有较高风险。在资本市场风险投资中，高收益的背后往往伴随着高风险，而我国现有的法律法规中，对于风险投资的规定还不够完善。具体表现在：自从创业板创设以来，一些风险较大的企业上市更加容易，但还是规定其三年内不准将自身的股份进行转让。这样的规定与风险投资者可以选择适当的时间自由退出的基本理念相违背，这样的法律规定显然是不完善的。

（二）退出场所不完备

由于我国资本市场处在初级建设期，证券市场中的问题频现，而对企业的监管也有着一定的不足，资本主体的正规性还有待加强。另外，由于产权交易市场的发展还不够完备，使资本市场中的有效资源无法聚集到一起，资源得不到有效的配置和使用。同时，产权交易的成本居高不下、资本市场风险投资退出场所不完善等，这些状况都严重影响着资本市场风险投资的退出。

（三）高素质风险投资者较少

现阶段，在资本市场风险投资中，具备专业风险投资知识和风险投资能力的高素质风险投资者少之又少。这体现在我国高等教育对于风险投资专业人员的培养力度不足，所以资本市场风险投资领域中的高素质风投人员不多。由于资本市场风险投资退出是一个专业性较强的领域，所以，人才的匮乏是阻碍该领域发展的一个重要因素，对风险投资退出产生的影响很大。

四、资本市场风险投资退出路径的建议

（一）完善退出机制

在资本市场风险投资行业中，对于风险投资退出而言，完善的法律法规是保障该行业能够正常、有序、健康、良性发展的基础，同时也是保障风险投资者利益的重要前提，是最大化规避风险的重要依据。所以，在资本市场风险投资退出机制的制定上，要积极借鉴西方发达国家的先进经验和相应的制度体系，结合我国资本市场的实际情况，建立并不断完善法律制度，推动资本市场风险投资行业朝着良性的方向迈进，保障投资者的相关利益和退出环节的规范性。

（二）丰富风险投资退出途径

由于现阶段我国资本市场风险投资退出路径具有单一性，所以要多渠道、多方位丰富风险投资退出途径，以推动资本市场风险投资行业的发展。

首先，建立多层次资本市场体系，该体系的建立为风险投资的退出提供了路径，但由于其功能和规模的限制，与风险投资行业的高速发展之间产生一定的差距。其次，不断完善和优化资本市场的层次性，可以很好地对多层次资本市场体系进行补充，为风险投资提供了良好的退出渠道，使资本的退出更加便捷。最后，大力推动并购市场的发展，通过大企业并购小企业的方式，为中小企业风险退出提供完备的渠道。

（三）加大培养高素质风投人才

优秀的人才在任何行业中都起着重要的作用，而现阶段我国资本市场风险投资行业内人才的缺口是巨大的，所以大力培养高素质的专业风投人才是该行业持续发展的重要基石。以高等教育为例，各高校应该增设资本市场风险投资专业，以扎实的专业知识为基础，培养高素质的风险投资人才。另外，对已经从事资本市场风险投资的工作者，要积极学习西方发达国家的先进投资理念，要能够全面地掌握并很好地判断我国的风险投资退出机制，以便在风险投资退出中进行合理的操作，以此来获取风险投资的收益。

总之，在资本市场风险投资中，退出机制是重要组成部分，而在现阶段，资本市场中风险投资退出的方式较为单一，在退出机制中也没有相应的法规制度来进行约束，退出场所存在着一系列问题，投资者的素质不高也是重要影响因素。所以，要不断完善资本市场风险投资退出机制，无论是退出路径、相关法规制度，还是培养较高素质的投资人才，都是推动资本市场风险投资行业向良好方向发展的重要因素，同时也为我国经济多元化和多样化的发展奠定了坚实的基础。

第四节　企业债券融资方式

企业债券是当前阶段企业融资的有效手段之一，这种方法不仅可以帮助企业获得发展资金，还能够促进企业价值的提升。作为当下资本市场上的主要融资工具，企业债券在促进市场流动、提高市场运行效率方面都发挥着重要作用。本节将从企业债券融资在资本市场中的作用入手，分析、探讨推动我国资本债券融资和资本市场共同发展的有力措施。

在当前市场环境下，融资是企业发展经营过程中面临的一个重要问题。一般情况下，企业融资可分为两类，分别是内部融资和外部融资。债券融资是外部融资的主要形式之一。目前，我国企业债券融资和资本市场发展过程中仍旧存在一些问题，对其健康发展造成了一定的负面影响。

一、企业债券融资与资本市场概述

（一）企业债券融资

在企业运行的过程中，其发行的有价证券均属于企业债券，发行证券的目的大多为筹措资金，企业和证券购买者之间相当于建立了一种债券契约关系，企业有义务在特定期限内偿还其所借的金额。从本质上讲，债券是企业和购买人之间签订的书面承诺，约定内容为企业需要在特定的时期向债券持有人偿还本金并给付一定的利息，利息数额根据规定利率计算。

企业债券有两个特点。一是契约性，即债券所体现的是一种基于债务的责任契约关系；二是优先权，在公司破产的情况下，企业债券持有人在财产分配上的优先级高于股东。但在正常还款付息的条件下，持有人不得参与企业的经营管理活动。

在我国，各种所有制企业发行的债券均包含在企业债券之内，企业债券融资则是指企业根据法定程序，向债权人发行并约定在一定期限内还本付息的有价证券，从而获取资金的一种融资方式。基于期限的不同，企业债券融资的种类可以分为短期债权融资、中期债券融资以及长期债权融资。

（二）企业债券在资本市场中的地位和作用

在我国资本市场长期发展的过程中，形成了许多种类的金融工具，如企业债券、股票、国债等。在上述三种金融工具中，国债的风险最小，但相应的收益率也相对偏低；股票则与之相反，收益高但风险也高；企业债券的收益和风险均处于中游，因此受到了广大投资者的青睐。企业可以通过发行债券获得发展资金，同时也促进了资本市场的流动，降低了非系统风险。对于一个发展较为成熟的资本市场而言，企业债券是不可缺少的一部分，它是企业筹资和融资的有效途径，且具有较强的创新活力，在资本市场多样化发展的过程中发挥着重要的作用。

整体来看，企业债券作为一项金融工具，其在资本市场中发挥的作用主要集中在以下四个方面：

其一，分散资本市场的非系统风险。根据资本资产定价理论，在所有金融工具中，股票是具有高风险和高收益的债券，在当前市场环境下，城乡居民是资本市场资金的主要来源，出于对高风险的规避，人们在投资股票时往往都十分谨慎。根据资产组合理论，人们在投资时会同时选择多种债券，如股票、企业债券、国债的相互组合，以期在保持高收益的同时，最大程度地降低风险，因此，企业债券在一定程度上促进了投资活动。

过去的资本市场只存在股票和国债，无法满足人们的投资需要，导致人们的投资欲望普遍偏低，对债券市场的健康运行造成了一定的负面影响，如此必然会阻碍市场资本配置功能的发挥。而具备多种类型的证券是一个资本市场处于健康状态的标志。在缺少企业债券或是规模较小的情况下，市场结构的单一性无法为投资者提供不同风险和收益偏好的投资组合，国债、股票之间的交易价格未形成有效的约束机制，导致价值信号失真、证券价格背离价值等一系列问题出现，给投资者的投资决策带来了严重的负面影响。综上所述，企业债券的出现丰富了资本市场证券系统，降促了非系统性风险的降低，保障了资本市场的正常运行。

其二，为金融创新提供基础产品。一个资本市场的运行效率很大程度上取决于其金融产品的创新能力，结合我国资本市场的发展现状来看，比较常见的金融产品创新有信用创造、信用风险转移、流动性创造等类型。基于企业债券的固定收益产品创新主要包括两种情况：一是依据产品特征，对已有的基础产品进行要素拆分，在此基础上，根据投资需要对各类要素进行重组以获得新形式的产品；二是将固定收益产品重组形成结构性债券。企业债券是现如今金融产品创新的关键要素，对于资本市场功能的发挥具有显著的促进作用。

其三，促进资本市场效率的提升。对资本进行整合并优化配置是资本市场的主要功能，基于此，若要判断一个资本市场的效率，除了判断是否有金融产品创新能力、适应市场变化的能力外，还可以查看其是否能将稀缺的资本配置到能创造最高收益的使用者手中。只具有股票和国债的资本市场的效率十分低下，原因在于其基本上无法满足投融资双方对不同金融工具的要求，这种功能萎缩的市场对投融资双方均缺乏吸引力。通过对比分析可知，债券融资的实际操作比股票融资更加灵活方便，因此，发行企业债券可以促进资本市场运行效率的提升。此外，企业债券还具有较强的约束力，可以对企业起到督促和约束作用，防止金融机构的坏账积累。

其四，为资本市场发展提供资本性资金。在金融领域，资本的类型有两种，分别是资本性资金和债务性资金，通过资本市场所获得的是资本性资金，其在我国资本市场中长期处于短缺状态。而通过应用企业债券，不仅可以为企业发展提供资金，提高企业的投资能力，还能促进资本市场的发展，降低金融运作的风险和成本。可见，发展企业债券可以解决资本市场长期存在的资金相对过剩以及短缺的问题。

综上所述，企业债券是当前资本市场中的一种重要的金融工具，发展企业债券不仅可以为资本市场提供基础工具，还能够减少金融机构承担的风险，为资本市场的高效安全运行提供保障。

二、企业债券融资发展存在的问题分析

目前，我国企业债券融资和资本市场发展中存在的问题，主要包括以下几个方面：

其一，融资比例偏低。结合当前发展形势来看，我国企业债券市场将长期处于欠发达水平，年融资总额无法和发达国家相比。我国企业债券融资所占的比例尚不足10%，在这样的情况下，债券市场的发展受到了较大的阻碍。同时，在企业债券融资的过程中，资本市场管理部门不能明确其相关性质，使得企业资金短缺问题难以得到有效解决。此外，受到硬性条件的影响，我国企业债券融资的成本普遍偏高，阻碍了企业债券融资的发展。

其二，资本市场中的固定收益证券产品较少。企业债券在我国资本市场融资中所占的份额很低，导致市场固定收益证券减少，失去金融产品创新的基础，导致市场风险大幅度提升。由此可见，在固定收益证券产品较少的情况下，资本市场的正常运行将会受到不利影响，相应的企业债券融资也会遭遇阻碍。因此，创新开发对于我国债券市场发展是十分必要的。

三、推动我国企业债券融资发展的有效措施

首先，大力发展企业债券，同时加强债券管理。上文中我们已经深入分析了企业债券融资在资本市场运行过程中发挥的重要作用，基于此，想要加快推动资本市场的发展，应加快发展企业债券，为企业补充准资本金，提升其投资能力，推动利率市场化，促进金融机构资产结构和投资组合的改进和优化。与此同时，为了适应企业债券规模迅速扩大的趋势，还应适当加强对企业债券的管理，根据债券形式构建完善的市场运作机制，提高企业债券融资活动的效率和可靠性。对于企业而言，在发展债券的过程中，要对自身需求有精准的把握，有针对性地建立管控机制。

其次，加快推动国家体制改革。拥有各种金融工具类型是资本市场有效运行的基础，在市场发展进步的过程中，企业债券融资的应用范围将越来越广，基于此，我国应适时建立多元化的融资管理机制，营造公平公开的市场竞争环境。在具体落实的过程中，我国相关部门要加快完成市场体制的改革，对工作形式进行创新，为各方面融资任务的开展创造良好条件，促进企业债券的良好发展。

再次，对市场利率相关机制进行完善，构建合理的价格形式。利率是企业债券价格的具体反映，价格是否公平、合理，对于投资者的投资意向有着重要的影响。因此，在资本市场发展的过程中，应结合市场情况对利率相关机制进行改进和完善，对利率管理工作的开展进行规范。此外，还需从根本上转变发展观念，为形式创新提供导向，促进工作方式的改革。

最后，完善行业的法律法规。我国政府部门应根据企业债券融资的特点对相关法律法规进行完善，对工作行为进行规范，促进工作效率和质量的提升。

现如今，企业债券融资在我国资本市场的发展中占据着十分重要的地位，可为金融产品创新提供基础，降低非系统风险。我国有必要在管理、法规、体制等方面做出改进和完善，为其发展提供支撑。

综上所述，我国社会经济在近几十年中保持着快速发展的趋势，但由于在金融方面起步较晚，一直存在一些没有解决的问题。在我国资本市场中，债券类型结构的单一对投资活动产生了极大的抑制作用，为了解决这一问题，应加强对企业债券融资的重视，发展企业债券，充分发挥其价值，降低非系统风险、提高市场效率、促进金融创新，实现资本资源的优化配置和最大化应用。

第五节　我国资本市场的监管及效率提升

目前，在国内外环境存在较大不确定性的情况下，我国资本市场承压明显，资本市场的监管责任愈发重要。然而，从实际监管的效果与绩效看来，当前资本市场的监管还存在监管越位、缺位、错位、失位等问题，其原因在于监管部门职责与监管目标定位不清、监管专业性和独立性水平不高、法律基础设施建设存在短板、技术层面监管手段相对单一、监管问责和激励机制缺乏等。监管效率的提升应着眼于总体上以系统观为指导，统筹好监管与市场的关系；短期以金融科技和问责机制为抓手，加强有效市场监管；中期补短板思路加强制度建设，完善法律基础设施；长期以良好的投资文化为核心，建设资本市场的长效发展机制。

中国共产党第十九次全国代表大会报告指出，中国特色社会主义建设已经进入新时代，未来数年我国经济发展的关键就是紧扣高速增长阶段转向高质量增长阶段的总要求，以推进供给侧结构性改革为主线，防范化解重大风险、精准脱贫、污染防治三大攻坚战。其中，金融去杠杆和化解金融风险与我国资本市场的发展息息相关，积极稳妥地去杠杆能有效降低经济总体风险水平，而资本市场风险则是金融风险的重要组成部分。风险具有传染性，守住避免系统性风险的底线，是维护国家金融安全的重要举措。可见，新时代既为我国资本市场带来了新的发展机遇，也对市场监管水平和效率提出了新标准和新要求。因此，我们需要及时调整资本市场监管措施，提升监管效率，做好进行金融风险防范的准备。本节拟以系统观为指导，就当前我国资本市场监管中存在的问题、原因及监管效率提升路径进行分析。

我国资本市场从无到有、从小到大、从不完善到逐渐完善的过程，也是我国资本市场监管自我完善、不断提升的过程。但是，由于我国资本市场的发展日新月异，很多时候政府监管难以跟上市场创新的步伐，还存在不少问题。学者对资本市场监管改善路径的研究，主要从法治建设、信息披露、内幕交易、监管边界等方面展开。

完善的监管体制是证券市场健康发展的重要保证。我国证券市场在取得巨大成绩的同时也面临着一些问题：我国尚未形成完整的证券法律体系；我国证券监管体系结构不完整，自律性差，管理混乱且功能缺失，预警和防范市场风险的能力弱；证券市场监管行政干顶色彩明显，以行政管理替代市场选择不利于行业的健康发展；证券监管队伍专业知识匮乏，法律意识淡薄。中国证券监督管理委员会（以下简称证监会）应根据市场状况制定相应的规章制度，并完善与《中华人民共和国证券法》（以下简称《证券法》）相关的法律法规，推进市场化进程，降低行政干预。证券交易所应发挥实时监控的一线监管职能，完善监管体系，保证信息披露的完整性和真实性，禁止虚假信息和内幕交易，并加强监管队伍建设，提高团队素质。我国监管体制尚不完善并存在一定的缺陷，这在一定程度上导致我国资本市场存在诸多问题。证监会作为中国资本市场的监管机构，一方面，权威性和权力不足使得其无法较好地履行统一监管的义务；另一方面，缺乏相应的监督机制和工作问责制度来规范其权力的行使。学者徐番和学者史亚鹏研究发现，证券业协会独立性差，自律监管的作用不明显，应加强对证券业协会和证券交易所进行监督管理，并提倡激励性监管措施，确保证券自律组织有一定的独立性。学者胡伟认为，一方面，我国证券市场的监管过度看中审批而相对轻视监管，监管理念不够明确；另一方面，对投资者的保护工作相对不足，资本市场投资风险较大，难以获得稳定回报。学者张富田认为，我国证券交易所缺乏独立性，缺乏对中介机构和上市公司的约束力，不能对上市公司进行优胜劣汰。证券业协会履行监管职能的效率较低，对证券机构的约束力不够，不能有效地保护投资者利益。非理性的过度投机会影响资本市场运作的稳定性，内幕交易、信息欺诈、盲目跟风等导致股市非理性波动，不合理的股权结构影响了证券市场流动性，降低了市场效率。我国证券市场的股票类型较为单一，监管体制尚不完善，股票市场规模较小。我国证券市场内幕交易行为频繁，侵害其他投资者的利益，对我国证券市场的健康发展产生了严重影响，主要体现在内幕交易的主体未必是内幕消息泄露的主体，以及对内幕信息判定不够准确等方面。

一、我国资本市场监管存在的问题

适当的监管，是指在准确的时间节点，针对识别出的风险部位，采用适合的监管措施，取得预期的监管效果。而以上任何一个环节缺失或不符合，都会产生相应的监管越位、缺位、错位、失位等问题。

（一）监管越位

在主板市场业务中，我国首次公开募股（IPO）为核准制，监管部门不仅要对IPO企业的申报材料进行严格的形式审查，还须关注发行人的竞争能力和发展前景等，即对申报企业质地的好坏进行判断，这是一种典型的监管越位，相当于替投资者和市场做出了优劣选择。二级市场同样如此，我国监管部门对市场的资金流向、涨跌风格非常敏感，一旦有交易所认为的不健康投机行为，会立即启动临时停牌自查、问询函、窗口指导等监管手段进行干预，严重影响了股票价格自身的正常波动。实际上，投资或者投机皆为正常交易行为，价值、成长还是垃圾股都是市场一时的观点，金融市场的职能之一就是为金融产品未来的不确定性定价，各参与主体应具备自主买卖、自负盈亏的能力和权利。

（二）监管缺位

一些新业务领域成为监管的盲点，导致了监管的缺位。随着大数据、云计算、区块链、人工智能等新技术在金融领域的运用，新业务模式、新金融品种不断出现，监管缺位造成相关金融产品野蛮生长，从而带来信用风险、非法集资、市场操纵等一系列问题，误导甚至欺诈投资者。

（三）监管错位

监管错位意味着监管措施的不配套或不对症。资本市场有其自身运行规律，监管部门的职责无非是保障市场的正常运行秩序不受破坏。

（四）监管失位

监管失位是指监管部门只履行了部分监管职责。一定意义上，监管缺位类似于"不作为"，而监管失位类似于"懒作为"。监管失位必然导致"松懈式监管"（对违规问题大事化小、小事化了，处置不力）、"选择性监管"（对于普遍存在的违规问题选择"睁只眼闭只眼"策略）和"运动式监管"（一段时间内进行集中整治，过后又放任不管）。以上监管失位的表现必然导致市场参与主体对监管力度缺乏稳定性预期。监管标准不一致、监管运动一阵风，是"一管就死、一放就乱"的根源。

二、我国资本市场监管效率不高的原因

我国资本市场监管越位、缺位、错位和失位是监管存在问题的现象与表征，总的结果是监管的效率不高，没有起到维护市场、稳定健康发展的作用，而考察这些问题表象背后的深层次的原因，可以从职能边界划分、监管独立性、法制短板、技术手段、问责机制等几个方面进行分析。

（一）监管部门职责与监管目标定位不清

当前，我国监管部门职责边界依然不清晰，没有理顺监管与市场的关系，"看得见的手"对市场的过度干预，这是所有越位监管的主要症结所在。与之相对应的是，我国证券监督部门的监管目标呈现"多元化"特征，除了保障市场秩序和保护投资者的法定目标外，通常还会负责其他经济和社会目标，如产业政策目标、脱贫攻坚战目标等。而且，这些经济和社会目标通常会在一段时间内优先于法定的市场监管目标，造成监管风格的阶段性转向。这显然会对监管机构的客观性和监管的有效性造成妨碍，客观上造成了失位监管。例如，2016年证监会出台文件规定，贫困地区企业申请IPO可以"即报即审、审过即发"，这一方面切实助力了脱贫攻坚战，但另一方面也有损证券发行公正、公平、公开的"三公"原则。监管目标的不清晰衍生出了其他一系列问题，股票市场的功能定位被弱化为融资功能，而非应有的资源配置功能。

（二）法律基础设施建设存在短板

目前，我国资本市场法律法规体系基本完备，对监管部门依法监管和资本市场参与主

体的行为进行了有效规范。但由于我国资本市场实践进展日新月异，法治化建设仍需持续加强，主要体现在两个方面：一是现行法律法规的某些条款可能不再适应实践要求，应在充分论证后及早修订。例如，《证券法》规定对上市公司虚假陈述责任方的顶格行政处罚为罚款人民币 60 万元，而虚假陈述所涉及的利益动辄以亿元计，不法收益与违法成本的不对称性是导致上市公司信息披露质量不高的根本原因。二是一些关键性的制度缺失，如与美国的证券业三大基础性法案相比，我国仅出台了《证券法》，亟须补齐短板。

（三）技术层面上监管手段相对单一

一是监管模式相对单一。传统分业监管模式无法适应当前带有混业特点的创新金融产品的监管要求，即便有央行主导各部委参加的联席会议会进行监管协调，但实际落实效果不佳，市场呼唤当前分业监管向功能监管并最终向混业监管转型，多层复杂嵌套的金融产品则需要以穿透式监管来厘清底层资产。

二是监管手段与金融科技进展、对外开放进展、金融实践进展不匹配。

三是监管执法技巧性不足，市场监管的具体落实方法需仔细研究，切忌一刀切式简单化处理。

（四）监管问责和激励机制缺失

市场监管的终极之问，当然是"谁来监管监管者"。当前，中国证监会、交易所、证券期货行业协会三级监管权力相对集中，中国证监会更享有部门规章立法权，制定实施政策的权威性较高，但是一旦出现监管政策的重大失误，将给国家经济和社会造成巨大损失。目前，政策对各机构和组织相应的问责安排比较薄弱，一是被监管单位和公众的问责监督渠道不畅且没有什么约束力；二是大量金融立法是由监管机构实施并解释，同时专业性也较强，这在客观上导致了来自司法机关的问责有限性。问责机制不畅导致必要的制衡缺失，增大了证券监管部门的无效行政风险。同时，监管机构内部激励机制不足，很容易滋生松懈式失位监管或职务寻租行为。

四、提升我国资本市场监管效率的建议

基于以上对我国资本市场存在的问题和内在原因的分析，为保证策略实施的现实性与可操作性，可以从整体思路、近期、中期、长期四个层次提出如下提升资本市场监管效率的对策和建议：

（一）总体上以系统观为指导，统筹监管与市场的关系

一是资本市场的复杂性要求必须以系统观为指导，坚持局部优化与全局统筹相结合，从我国社会主义市场经济的关键组成部分的高度来正确定位资本市场，提高监管的科学性。

二是统筹处理好市场波动内因与外因的关系。以"跳出市场看市场"的思路确定监管工作的要点，探索多部门联合执法模式，辨证地施治市场症结，启用监管逆周期因子，动态调整重大监管政策执行的力度与节奏。

三是统筹处理好资本市场内生发展与对外开放的关系。以服务我国外向型经济发展和人民币国际化进程，防范国际资本的短期流动性冲击风险、外汇储备流失风险，应对国际资本市场异常波动的传染效应。

四是统筹处理好政府与市场的边界关系。探索政府与市场资源配置的最优比例，将去杠杆、防风险和维护金融安全有机结合起来，积极发挥资本市场在去杠杆中的正向作用，坚持金融服务实体经济的初衷，坚守不发生系统性金融风险的底线，不断提高资本市场运行效率。

（二）短期以金融科技和问责机制为抓手，加强有效市场监管

一是提升监管科技水平，及时将大数据、云计算、人工智能等金融科技新成果引入监管执法领域，发现市场监管的盲点，提升监管的针对性，实现实时监管、精准监管。

二是对具有混业经营特点的金融产品实施功能监管和穿透式监管。厘清产品底层资产的收益风险属性，加强与国务院金融稳定发展委员会、中国人民银行、中国银行保险监督管理委员会、公安部等相关部门的业务沟通，提升监管执法威慑能力，打击监管套利行为，防止金融风险跨行业扩散。

三是简化监管流程，减少前置审批事项，强化事中监管与事后监管。

四是强化问责机制约束，健全行政决策监督和责任追究制度，严格按照"谁决策、谁负责"的原则，切实加强对行政执法行为的监督。

五是加强预期管理，保持监管定力。尽量避免运动式监管，向市场传递清晰、持续的监管信号，稳定投资者预期，增强资本市场抗风险能力，缓解金融体系的脆弱性。

（三）中期以补短板思路加强制度建设，完善法律基础设施

一是以信息披露和投资者保护制度为核心，完善资本市场法律法规等基础性制度的建设。适时修改现行《证券法》当中的陈旧条款，推动完善证券期货犯罪的刑事立法；在投资者保护条例中引入辩方举证和集体诉讼制度，提升违法违规的主体成本，切实保护投资者利益。

二是深化发行上市、并购重组、分红、退市等基础性制度改革，确保IPO和退市渠道通畅，不断提升存量上市公司的经营质量。

三是在主板、中小板和创业板市场实行核准制，在北京证券交易所推行注册制，并明确市场间的转板制度，保证通道顺畅。

四是建立具有中国特色的"吹哨人"制度，明确举报奖励制度，严厉打击内幕交易等违法行为。

五是妥善论证新的金融监管政策，在系统防火墙外建立并推行监管沙盒制度。

（四）长期以良好投资文化为核心，建设资本市场长效发展机制

一是加强投资者教育，强化市场投资的收益和风险匹配原则，打破刚性兑付预期，消除信用市场定价扭曲的现象，促进资本市场公正、公平、高效发展。

二是鼓励价值投资导向，改变市场"重融资、轻回报"的不当定位，提高市场透明度，坚持以提高人民群众福祉、增强人民群众获得感为发展理念和最终目标，重塑我国资本市场健康的投资文化。

三是以人才队伍建设保障资本市场的长治久安，壮大机构投资者力量，提升个人投资者金融素养与专业技能，建立有效的薪酬机制和激励机制，完善金融监管、从业人才的引进和选拔工作。

第二章 财务会计

第一节 当代财务会计的发展趋势

财务会计在企业的运行和发展中起着不可替代的作用，是企业管理中最为关键的一个环节。随着我国现代化进程的加快，财务会计的发展也要跟上时代的步伐。进入 21 世纪，随着我国经济的快速发展和进步，互联网在我们生活的各个领域中都有应用，财务会计也不例外。在财务会计行业中，计算机技术和网络技术的应用，促进了财务会计行业的信息化发展。

本节主要分为三个部分，对现代财务会计发展的趋势进行了探讨，阐述了当前财务会计的发展现状，主要包括财务会计供给的个性化、质量的不断提升、信息的多元化以及人在财务会计发展过程中的作用等。主要对当今社会财务会计发展中存在的问题进行了探讨。最后对现代财务会计的发展提出了几点建议和对策，包括强化对会计虚拟化的监管、强化财务会计网络安全建设、完善财务会计管理体系、提高财务会计工作人员的专业水平等。

一、当前财务会计的发展现状

1. 财务会计供给个性化发展

在我国传统的财务会计模式下，企业的领导者、管理层以及其他利益相关者为财务会计的主要控制人，财务会计主要以报表的形式提供相对应会计服务和需求。但随着互联网以及信息技术的不断发展，也使财务会计发生了很大的变化，变得越来越个性化，财务会计可以根据不同的需求提供不同的财务信息服务；使用者也可以根据财务会计中的数据，结合自身的需求进行加工处理。

2. 财务会计信息的质量不断提升

在互联网技术未被广泛应用之前，有关财务会计的相关信息主要是由人通过工作者的判断以及传统的手工编制来完成的，很容易出现蓄意操纵任务和人为错误等问题，很容易导致严重的会计失真。随着社会的发展进步和互联网技术的出现和应用，会计信息的可靠性得以有效提高。例如，它在税务和会计中的应用，可以最大限度地减少人为欺诈和人为因素导致的信息错误的发生。

3. 财务会计信息呈现多元化

传统的财务信息和数据的采集，是以会计人员收到的会计账簿的主动查询和固定点发布的财务报表为主要渠道的，将人工智能技术应用于会计行业，智能软件可以自动生成会计相关证据等。通过智能会计软件，信息需求者也可以根据自己的需要随时随地获取财务信息，可以得到实时的财务信息，此外，人工智能还可以为财务决策者提供有效的财务信息基础。

4. 财务会计工作效率不断提高

在以前的会计中，会计人员往往需要花费大量的时间和精力来完成这种简单而重复的人工收费工作，这不仅会增加员工的工作量，还难以推动财务工作的进展。随着智能会计软件自动生成技术的应用，会计处理的速度和效率在很大程度上得到了提升。此外，人工智能的数据处理能力非常强，它不仅可以对财务数据进行深入挖掘和处理、创建数据库，实现数据跟踪和分析；还可以建立多种类型的数据模型，并在多种约束下对会计信息进行综合分析，促进财务信息更加理想化和智能化。

二、当前财务会计发展存在的问题

网络环境发展在一定程度上为财务管理提供更加便捷的处理方式，使得网络市场交易逐渐普遍，无纸化交易越来越多，无纸化的交易模式不仅极大地提高了业务发展的便利性，同时也极大地提高了交易处理业务的整体效率，但是容易产生信息和数据篡改、欺诈的风险。

1. 财务会计主体虚拟化

在电子商务快速发展背景下，财务会计发展所面临的首要问题是会计信息审核的真实性受到会计主体虚拟性质的影响。随着网络电子技术和电子商务的迅猛发展，金融会计的虚拟化趋势越来越明显。电子商务的在线交易通过虚拟网络实现，这种交易是网络会计虚拟模式，通过虚拟化的网络模型、企业经济实现对新业务的控制。随着市场、信息平台的变化，各种会计数据信息也在逐渐发生改变。

2. 财务会计风险被放大

在互联网商业的快速发展的背景下，会计实体逐渐虚拟化，从传统的纸质合同开始到建立虚拟的网络交易模式。目前，我国大多数企业已经开始实施无纸化电子贸易合作，合同的签订、交易条款的谈判、交易信息的处理等工作都是通过网络上的沟通和协商来完成的。大多数商业交易会计数据只能存储在硬盘或可移动硬盘中，存储的安全性仍有待提高。互联网电子科技也使交易具有便捷性和两面性，在提供交易便利的同时也增加了信息数据的损失和泄露的风险，如何加快电子会计财务信息数据处理和加强存储安全性成为当下会计发展的重要问题。

3. 财务会计监管系统不够健全

近年来，我国在财务监管方面还不够完善，针对企业的财务监督制度也还不够完善，据了解，尽管我国企业的财务发展情况都得到了较大的发展和进步，但是在财务监管方面还是存在漏洞，在很大程度上影响了企业财务管理的健康发展。因此，相关行政部门要完善财务管理监控体系，应充分重视财务管理监控体系的发展，使之符合现代金融发展的趋势，符合现代社会发展的趋势，有效地避免财务管理中出现的问题。

4. 财务会计人员专业素质水平不高

除上述问题外，财务人员的专业素质较低也是影响我国金融核算进展的一个因素。根据相关的社会调查，目前，很多社会企业财务人员的招聘制度并不严谨，而随着社会经济的快速发展，财务会计人员队伍，无论是知识结构还是专业知识储备都无法与当代企业财务发展的需要保持一致。此外，企业的财务因素对企业人员产生了限制，企业即使招聘到熟悉计算机技术的人员，但是大多数缺乏财务管理经验。

三、现代财务会计的发展对策

1. 强化对会计虚拟化的监管

随着现代网络技术的发展和应用，使得财务会计逐渐具有虚拟性，会计信息使用者的多样化对会计信息的效率、质量和成本控制提出了更高的要求。随着我国互联网以及信息技术的发展，财务会计虚拟化的监管在企业未来的发展中发挥着越来越重要的作用。

2. 强化财务会计网络风险管理

确保互联网安全建设的有效性，对于电子商务环境下财务会计的转型与发展具有至关重要的作用。为了充分了解中国电子商务的快速、高效发展，网络技术已经成为一个重要的保证因素。网络财务会计的发展需要改进企业会计信息软件的应用方法，具有完整功能和稳定性的互联网金融软件，可以提高财务数据信息网络化处理的有效性。在互联网时代发展的背景下，我国网络会计的整体财务会计水平也在不断提高。为了满足财务会计的转型和发展的需求，我们应该建立一个符合企业发展需求的数据库，并收集更多、更全面的数据信息，通过创建大型数据库，各种财务数据信息的处理可以更加方便和快速。在最初的工作阶段，必须优化工作内容，在相关的项目和工作系统中，人员的位置将会有更多的风险，这是必要的，必须制订一个完美的转型计划来确保转变的顺利过渡并减少传统设置的缺陷，这样，以后的工作就可以按照正确的路线进行。

3. 完善财务会计管理体系

随着我国当代财务会计工作分工的明确化，企业财务监控管理系统的完善是当今中国企业发展的首要条件。为了确保企业财务管理的科学性和严谨性，对企业的管理制度的改进是势在必行的，这可以有效地避免企业的财务损失以及财务工作带来的财产损失。一方面，应提高企业的防范机制，提高企业预防机制，是提高企业内部控制制度的重要组成部分。建立企业预防机制可以提高企业对资金运行的控制能力，了解资金的风险，最终可以提高企业资金使用的效率。另一方面，有必要完善会计反馈控制制度，主要涉及企业内部经济活动的监测。及时有效地监控，确保及时发现问题，及时纠正预算偏差，能有效控制投资的成本；及时发现企业财务会计工作的问题，及时调整工作内容，定期考核财务会计决算，实施奖惩制度，有效地提高财务会计最终工作的质量。

4. 提高财务会计工作人员的专业水平

重视财务相关工作人员的专业技能培养，提高财务工作者的整体工作水平，加强财务工作者在财务专业方面的学习和创新思维能力。第一，企业从自身出发，加强针对信息技术的培训，加强对那些有丰富金融工作经验的人员信息技术培训的强度。同时，公司可以开展移动训练机制，向外输送财务管理人员培训模式，这样做的好处是让财务管理人员更全面、更快、更好地了解财务政策，加强对相关基础知识的学习，利用相关财务模型处理财务问题，使财务工作更加方便。第二，企业需要制定财务管理人员引入机制，制定系统的福利政策以确保企业能够引入复合型金融管理人才。通过引进财务管理人才，可以更好地促进企业的健康发展，提高企业的整体竞争力。需要注意的是，应对相关人员进行财务管理培训，以便更好地融入工作中。企业要做到这两种措施，使相关计划战略更具针对性和可操作性，为公司的长期发展提供强大动力。

第二节　财务会计的目标定位

目前，国有企业财务会计存在目标模糊、相关制度不完善等问题，因此，应解决财务会计目标中存在的问题，完善企业财务会计管理结构，减少企业管理熵值等方式，促进财务会计的全面发展。合理的方法可以有效提高工作效率，降低工作成本。

随着国家社会主义市场经济不断发展，企业改革不断深入，国有企业作为国家经济发展的核心关键，必须进行全面的改革。财务会计是提高企业合作能力的关键，也是保证企业全面发展的基础，因此，国有企业必须全面提高企业的财务管理能力和会计核算工作，以此有效解决国有企业在发展过程中存在的财务经济问题，推动国有企业实现全面可持续发展，提高企业社会经济效益，带动国家经济的发展。

一、新经济时代下国有企业财务管理工作的现状

改革开放后，国家经济飞速发展，企业数量不断增加，国有企业在不断地改革发展工

作中，也取得了较好的成绩。但是，随着科学技术的发展，知识经济时代到来，大量的外来经济进入本土市场，对本土市场造成了一定的冲击。不仅如此，国内企业之间的竞争也日趋激励，国有企业想要在这样的经济市场中站稳脚跟，就要进行更深层次的改革。传统的国有企业财务管理方式已经不能够满足新时期市场需求，新经济时代背景下，国有企业财务管理工作的开展也发生了一定的变化，想要对国有企业实现财务会计目标的过程中存在的问题进行分析，首先要明确在当前社会市场背景下，国有企业财务管理的工作现状。互联网经济的全面发展，使云计算、大数据、移动互联网等技术实现了全面的突破和发展，对财务会计管理目标形成一定的影响，在大数据时代下，企业的相关财务信息更加透明，国有企业想要得到全面的发展，就必须要适应这一变化。企业财务会计管理工作呈现出了多元化的发展趋势，因此企业财务会计管理目标也必须要进行改变，形成符合时代社会发展的综合目标，并且将知识资本最大化，以此保证经济效益的最大化，实现企业利润目标的全面发展。

二、会计目标定位的观点

1. 决策有用观

随着我国的市场经济的逐步发展，市场上有了更多的投资者与债权者，基于这一现状，相应的委托代理关系也会发生相应的变化，主要是由单一逐步转向复杂的方向发展。因此，从资本市场的发展层面来说，会计目标就是及时为较为分散的投资者和债权者提供财务发展的信息，简单来说就是决策有用观。企业制定决策时要考虑到未来的发展的道路的选择，要综合分析未来的投资者与债权者的发展情况，只有这样，决策才能具有实际的操作性与实用性。

2. 受托责任观

随着公司发展的模式的不断变革，企业的发展经营权无法与市价的所有权相结合，这就出现了较多的委托代理的关系。企业发展的经营权和所有权无法有效地结合，这就说明委托代理的出现使得企业的委托方主要关注企业发展过程中自身资本的扩大，受托方主要负责管理和实际的资源的利用情况，并将这些情况向委托方报告。委托方依据受托方的企业的运营的情况，作出整体的评价，然后再进行相应的委托人工作，并且决定是否一直聘用。在委托代理关系发展的大局势之下，会计要满足委托方对于企业发展的整体评估需求，其核心就是企业经营的业绩的计算和实际的效果，这就是会计目标为受托责任观。

受托责任观与决策有用观之间的联系。受托责任观和决策有用观的形成都是由于我国企业的经营权与所有权分离，而受托责任观的形成主要是因为企业的经营权与所有权实行分离。决策有用观主要是在资本市场与经营者建立广泛的实际的关系后孕育而生的，经营者实际的权力得到了扩大，具备了相应的对企业资产进行处置的能力，所以投资者就必须通过相应的企业运营资料来进行决策。决策有用观是在受托责任观的影响之下而形成的，主要反映了市场经济发展的主要的发展方向，同时也是经济环境变化的主要表现形式。

三、当前我国财务会计目标的具体构建

1. 企业会计目标的具体定位

财务会计目标首先需要为企业管理层提供能够良好反映企业发展情况的经济信息。第一，需要提供投资和信贷相关的准确信息，体现出潜在投资人、债权人以及其他有关投资、信贷的关键信息。第二，提供现金流量数据与未来存量的信息，此类信息可以帮助当前和潜在的投资者、债权人评估企业的股利或股息、销售、到期债券或借款清偿等不确定信息。第三，需要提供企业经济资产、财务状况、经营成果与资源分配、使用的具体情况。在此基础上，财务报告还需要向受托者展示当年的经济计划的完成情况、整体资产处于增值或保值阶段等；财务报告作为企业经济数据的完整呈现方式，是企业在证券市场上的重要考评条件。相关投资者对于企业报表数据的判断会直接影响后续企业获得融资的机会。

2. 现代企业制度下的财务会计目标

现代企业制度已成为国内企业在经济发展过程中的必然选择。财务会计的工作目标要积极地融入现代企业制度。法人制是判断企业模式的重要标准，企业法人制度是现代企业制度的主体。在企业法人制度下，投资者与企业的关系被简化为纯粹的委托者与被委托者间的关系。当前我国企业中，上市公司占比较小且上市后企业也不能实现资本的完全流通。因此，我国会计的工作目标需要以向委托人也就是投资者履行自身受托责任而定位，为委托人提供所需的相关信息。

综上所述，会计目标并非独立存在于会计行业中，会计目标的制定和实施与会计环境、会计理论、会计职能等有着密切联系。因此，对会计财务的目标定位的思考不应局限于某个方面，还应进行多维度、深层次的思考。

第三节 财务会计、权利与财务会计目标

会计主体利益和有关外部利益者利益二者是对立统一的，也是促进财务会计产生与发展的基本动因。所以，会计信息的质和量都应该是会计主体和生产运用过程中的各要素一起界定的，财务会计的最终目标就是在保证二者在这种合作对决中均获得利益。本节主要对财务会计、权利与财务会计目标相关问题进行了进一步的论述。

自美国财务会计准则委员会（FASB）发布财务理念构造之后，财务会计理念构造研究就成为了财务会计理论的重点内容，建立这个构造的核心有两个思路，一是将财务会计

目标当作起点，二是将会计假设当作起点。这就说明，想要制定会计标准以及建立发挥指导作用的财务会计理念的构造，一定要先把财务目标的问题解决好。因此，下面将进一步分析财务会计及其权利，以及财务会计目标的界定：

一、会计信息质和量由会计主体、生产运营条件和外部环境 权利主体共同界定

不一样的权利主体通过相应权利参加会计质和量的界定。对财务会计服务对象来讲，不仅是对内会计，同时也是对外会计，要给会计主体相关的利益者提供必要的会计信息。当前，会计信息外部运用人员包含我国政府部门和债权人、可能成为债权人的人、投资者和可能成为投资者的人、人力资源权利主体的聘用人员还有四周环境权利主体等。

所以，在对会计质和量进行界定的过程中，一定要考虑外部利益人员的利益，吸收所有利于企业的建议，确保外部利益企业的总体利益，使其科学获利，这对于会计主体本身也十分有利。因此，在对会计信息质和量进行界定的时候，一定要给企业的生产经营制造一个优秀的外部环境，始终坚持优胜劣汰的原则，完善总体社会资源组合。会计标准制定人员必须要对各方的意见进行充分的思考，使各方的利益能够得到最好的组合，进而实现共赢。

二、财务会计目标界定

确保资本市场正常、顺利地发展。会计主要利益与有关外部利益者的利益是对立统一的，这种关系能促进会计信息揭示的不断改进，调节所有主体之间的利益关系，推动社会资源的科学分配。目前，财务会计根本目标就是要保证资本市场的健全，进而加大会计主体从资本市场处得到最大资本的概率，进一步加大生产的规模，对资本构造进行改善。对资本市场债权主体来说，在短暂摒弃资本应用权利的时候，会计主体一定要让债权主体相信其能够按照规定收回成本与利息。因此，会计主体一定要提供与其相关的一系列会计信息。会计主体一定要让所有权主体相信其资本可以增值，因此，财务会计一定要提供与行业资本增值有关的一系列会计信息，从而为投资人员进行正确决策提供一定的便利。若财务会计信息无法完成上面的要求，那么资本市场将很难正常稳定地发展下去。

协调会计主体与社会环境的关系。会计主体始终在社会环境当中生存，会计主体想要发展必须要调节好与社会环境的关系，所以，财务会计还应该提供和社会环境有关的一系列会计信息，这也是社会责任会计受到重视的动因之一。

会计信息价值影响财务目标的确定。会计信息对于使用人员的价值与使用人员对专业知识的掌握情况和判断能力有着直接的关系，相同的会计信息对于不一样层次的使用人员有着不同的价值。财务会计目标在判断会计信息价值的过程中，应该以各种类型的权利主体总体情况为准则，判断会计信息价值时还可以将会计信息加工和处置以及揭示花费和制

度实施花费的共和与会计信息效果进行比较，除去社会交易花费，会计信息应该确保最大利益。

观察我国和国外一些学者针对股权结构和企业多元营销关系相关问题的探索，主要有两个观点，这两个观点呈对立的状态，一种观点觉得二者之间有着明显的相关性，而另一种观点觉得二者之间没有相关性。而笔者认为，股权结构和企业多元营销二者之间是存在着一定的关系的，但是这种关系最多只是一种相关关系，不能说成严格的因果关系，也就是不可以当作股权结构汇集，这一定会降低企业多元化的营销程度。笔者认为研究人员对于二者之间关系的论述，均是适用计量经济模型的分析，这种实证分析方式存在一定的局限性。第一，研究人员基于不一样的研究角度选择研究的对象，对象企业处于的外部环境，如政治和文化以及市场程度这些都存在巨大的差别，所得到的结果无法表示全部的情况。第二，假设股权结构和企业多元营销二者存在着明显的相关关系，股权结构变化是企业多元营销改变的原因之一，它不是唯一的原因，是和别的因素相互协作一起发挥作用，造成企业多元营销发生改变的。

在外部环境和别的条件都一样的前提条件下，若一家企业视为治理结构有着良好的统一效果，那么这家企业的多元运营水平会相对较低。从企业治理产生的历史以及逻辑角度来看，其股权构造和公司多元运营二者之间有着十分亲密的关系。

通过本节对财务会计和权利与财务会计目标相关问题的进一步阐述，我们了解到，会计主体利益和有关外部利益者的利益二者是对立统一的，也是促进财务会计产生与发展的基本动因。所以，会计信息的质和量都应该是会计主体和生产过程中每个要素在合作对决的过程中一起界定的，财务会计的最终目标就是在保证二者在这种合作对决中均获得利益。

第四节　财务会计的作用探析

在社会经济高速发展背景下，企业也面临着日益激烈的市场竞争，为了更好地适应市场环境变化，要充分重视各项经济管理工作的开展。财务会计是经济管理中不可或缺的一部分，它不仅是管理的终端工作，也能够帮助企业决策者在做出决定之前，对企业当前发展情况进行全面的分析，确保各项决策的科学性和正确性。

财务管理工作是企业整个经营管理内容的核心所在，财会人员在工作中，不仅要对企业财务数据进行妥善处理，还要为企业提供更准确的运营信息，进而在企业经济管理中发挥作用。财会人员是企业中的综合性、应用性管理人才，其地位是举足轻重的。因此，在规划、落实各项经济管理工作时，各企业应充分挖掘、利用财会人员的积极作用，以此不断提升经济管理水平。

一、财务会计的职能分析

第一，反映职能。作为财务会计最基本、最原始的职能，反映职能是随着会计职业的产生而形成的，财务会计通常都会通过确认、记录等环节，将会计主体当前发生、完成的经济活动从数量上反映出来，并为企业管理者提供更精准、更完整的经济与财务信息。

第二，经管职能。当前，我国很多企业开展的财会工作都停留在算账、保障等层面，难以适应现代企业制度提出的各项要求，因此，要想将财会经营管理职能充分发挥出来，就必须要在传统基础上，积极拓展新的领域，构建更完善的财会工作模式，也以此来提升经济建设水平，推动企业的健康、稳定发展。

二、财务会计在经济管理中发挥的作用

1. 提供科学、完善的预测信息

在市场经济高速发展背景下，企业要想全面迎合其发展需求，就必须要对市场供需情况变化进行深入调查与研究，并在此基础上，制订科学完善的生产规划、营销方案，不断提升企业产品的市场竞争力。对此，企业需对环境、产品质量，以及市场供需要求和企业宣传等诸多因素进行综合考虑与分析调整，才能够对企业营销信息做出科学预判，也只有这样才能够在产品投产之前，结合产品成本构成制订最佳的营销、生产方案，真正做到企业经济管理与效益的有机整合，在明确产品价值定位的同时，真正赢得最大化的经济效益。

2. 积极发挥会计监督职能

这一职能的发挥主要是指在开展各项企业经济活动时，按照相应的财务会计计划、制度进行科学监督与检查，作为一种科学的监督手段，会计监督职能能够在尽可能减少经济管理漏洞的同时，促进企业经济、社会效益的逐步提升。财务会计可以通过不同渠道来达到这一目标，如，可以通过对企业现金流、各项财务工作进行分析与检查，对企业经济做出科学评估等方式，来对企业各项生产经济管理活动、成果进行监督。比如，可以通过成本指标来对单位产品的劳动力消耗情况进行全面掌握，或者是结合利润指标对经济活动成果进行科学评估。

3. 不断提升财会信息质量

会计信息质量的高低对财务会计作用是否能够得到充分发挥起着决定性作用，而会计信息的准确性和完整性，也直接影响着企业的健康发展。就目前情况来看，会计原始凭证、企业管理部门及其工作机制，以及相应的会计信息体系的完善程度等诸多方面都会对会计信息的质量产生影响。对其影响因素的控制主要可以从以下两方面入手：一方面，要不断加大对发票等一系列原始数据的管理力度，营造良好管理秩序。同时，还应充分重视《中华人民共和国会计法》等财会法律法规的认真落实，并结合实际情况，制订出科学有效的执行方法，以此来确保财会人员的合法权益能够得到有力维护，为其各项工作的高效有序开展提供有力支持；另一方面，应不断加大对会计信息系统的建设力度，优化相应工作机制。同时，企业还应积极挖掘、整合社会各界的监督力量来科学管控会计信息质量，以此促进其信息质量的不断提升。

4. 不断加强对财务会计人才的培养

人才一直都是企业经营管理发展最根本的动力，而在经济管理中，要想将财务会计的积极作用充分发挥出来，就必须要注重高素质、综合型人才的培养与引进，以此来为企业的创新发展提供有力的人才支持。

在知识信息时代高速发展背景下，各行业人才的综合素质也在随之不断提升，尤其是财会人才，在企业发展中有着举足轻重的地位，相对于物质资源，人力资源具有的社会价值更高，因此，在经济管理中，应重视财务人才综合素养的提升以及人力配置的进一步优化，并结合社会发展需求，引进高品质的专业人才，以此来不断提升企业综合竞争实力。

综上所述，不论对于哪一行业来讲，财务会计都是至关重要的，对企业管理层和各项决策工作的开展有着不可忽视的影响；对经济管理活动的规划，以及经济效益的提升都发挥着积极的促进作用。因此，各企业需要充分重视对财会人才的培养与引进，充分挖掘与利用相关资源，确保财务会计的重要价值能够在经济管理中得到充分的发挥。

第五节　财务会计的信任功能

财务会计能够在代理人与委托人之间建立信任机制，增进双方的信任，财务会计通常会与其他的信任机制相互联系。本节将进一步分析各种理论制度对财务会计的影响，并梳理财务会计中的一些争论。

在委托与代理信息不对称的情况下，财务会计信息能够在一定程度上解决信息不对称的问题，财务会计信息也因此在资本市场发挥着重要的作用。财务会计信息中关于投资项目的准确、详尽的信息有助于投资者作出正确的判断，并相应地提出正确的投资决策，这一作用通常被称为财务会计信息投资的有用性或者是定价功能。另外，在代理人与委托人建立委托代理关系后，委托人可以要求代理人提供相关的财务会计信息，有助于委托人的财产安全评估，并以此来约束代理人，财务会计信息的这一功能被称作契约有用性或是治理功能。因此，不难看出，财务会计信息功能不仅能在一定程度上解决信息不对称的问题，还能够实现定价与治理的功能。

本节从委托人和代理人的社会关系出发，对委托代理的信任关系及信息不对称问题进行了分析。力争构建更加完善的信任机制，利用财务会计的信任功能理论提高财务会计理论的解释力和预测力，丰富并推进现有财务会计理论的发展。

一、财务会计信任功能的概念及理论基础

财务会计的信任功能，重点在于财务会计和信任两个核心要素。财务会计属于企业会计的一个分支，通常是指通过对企业已经完成的资金运动进行全面、系统的核算与监督，为外部与企业有经济利害关系的投资人、债权人以及政府有关部门提供相关的企业财务状况与盈利能力等经济信息的经济管理活动。显然，财务会计不仅仅是指产出结果，还包括产出过程，对交易事项进行特定处理后，经过外部审计才能成为公开信息，这一最终信息被称为财务会计信息。在现代企业中，财务会计还是一项重要的基础性工作，为企业的决策提供重要的相关信息，有效地提高了企业的经济效益，促进市场经济健康、有序地发展。

信任是一个抽象且复杂的概念，涉及的范围较广，且通常被用作动词。信任总是涉及信任主体以及被信任的客体，由主体决定是否信任客体，然而实际过程中，主体是否信任客体的条件无法控制，只能单方面期待客体有能力且遵守约定为主体服务，因此本节内容中讨论的信任只包括主体、客体、能力以及意愿。

信息不对称问题是委托代理关系中必然会出现的问题，信息不对称作为一个普遍存在的问题，通常会导致逆向选择问题以及道德风险问题，其中多为代理人的不诚信或是委托人不信任代理人。因此，财务会计信息的有效性能够在一定程度上解决信息不对称的问题。

而在代理委托关系下，委托人不信任代理人是很正常的，委托人作为主体，承担着委托代理关系中的绝大部分风险，故而委托人有理由不信任代理人，因为委托人无法确认代理人是否有能力且有意愿为自己服务；由于代理人的不诚实以及委托人的不信任而造成信息的不对称，最终导致事前的逆向选择以及事后的道德风险问题，这时财务会计信息就能够发挥其定价以及治理的功能了。所以，从本质上来说，财务会计解决的根本问题是委托者对代理人不信任的问题。

财务会计信息作为财务信息处理的流程性记录，在一定程度上具有某些预测价值，能够减轻代理人行为上的不可预测性，加深了委托人对代理人的信任程度。同时，财务会计信息还能够作为评估代理人能力的参考信息，让委托人对代理人的能力有所了解，以此增加委托人对代理人的信任程度，而且，财务会计信息注重于分析代理人的能力与委托人利益变化的关系，更为有力地证明了代理人的实际能力。

在委托人与代理人的信任关系中，完全寄希望于代理人自愿为委托人服务也是不切实际的想法，二者之间无法形成强制性的措施。对此，可以通过对财务会计信息的要求使委托人拥有主动制约代理人的能力，使委托人对代理人的控制建立在明确的规则基础之上，在增强委托人的控制能力的同时，增进委托人对代理人的信任。签订契约也是约束代理人为委托人的利益服务的重要手段，行之有效的契约会使代理人不得不在实际行动上有利于委托人。

二、财务会计信息中信任制度理论的应用

制度的作用通常是威慑和约束代理人的不良行为，可以针对代理人损害委托人利益的行为做出适当的惩罚，这种惩罚性致使代理人不得不向委托人提供真实的财务会计信息，同时还约束着代理人的行为，促使代理人不敢侵害委托人的利益，因此，制度也能够提升委托者对代理人的信任。

前文中还提到了财务会计信息的定价功能与治理功能。在实际应用中，财务会计信息的定价功能体现在委托者能够通过财务会计信息，大致了解代理人的能力，评估代理人能力的强弱，从而针对代理人能力给出一定的判断；而财务会计信息的治理功能便是通过契约条款来约束代理人，致使代理人在实际行动中做出有益于委托者的行为。在财务会计信息的治理功能中，会计信息是作为必要条款而存在的。

综上，我们大致能够得出这样的结论：针对会计信息的制度可以提高会计信息的定价功能，而针对代理人的制度可能会降低会计信息的治理功能。

第六节　财务会计与税务会计的差异和协调

随着会计准则和税务制度的不断深化与完善，财务会计与税务会计的差异日益明显，鉴于两者在经济管理中的重要地位，处理好两者的关系是处理企业、国家、社会之间利益的重中之重，协调和完善财务会计与税务会计的关系刻不容缓。笔者针对财务会计与税务会计两者的差异及其产生原因进行研究分析，并在此基础上，提出协调财务会计与税务会计差异的对策，为企业和公司提供借鉴和帮助，使其更科学、更稳健地运行实务工作。

财务会计与税务会计既相互关联又有一定的差异，这并不仅仅发生在我国，它普遍存在于各个国家之中。财务会计是指对企业的资金和财务状况进行全面监督与系统核算，以提供企业的盈利能力与财务水平等经济信息为目标而进行的经济管理活动。财务会计依照相关的会计制度和程序，为涉及利益关系的债权人、投资人提供相关的资金信息；财务会计不仅在企业运作中起着基础性的作用，而且对企业的管理和发展有重要的促进作用。所谓税务会计学，是指根据会计学相关内容和理论，对纳税人应纳税款的形成、申报、缴纳进行综合反映和监管，确保纳税活动的全面落实，让纳税人员自觉根据税法规定，进行税务缴纳的一项专业会计学科。税务会计是进行税务筹划、税金核算和纳税申报的一种会计系统。人们通常认为税务会计是财务会计和管理会计的自然延伸，而自然延伸的基本条件是税收法规逐渐趋于复杂化。目前，由于受到各种因素的影响，大部分企业中的税务会计不能从财务会计和管理会计中分离出来，导致税务会计无法形成相对独立的会计系统。但财务会计和税务会计都是我国会计体系的重要组成部分，二者既有关联又有差别，具有一

定的差异性和相似性，二者都是在符合国家法律和规章制度的基础上对经济利益进行保护，并且为企业的客观财务信息提供支持，保证企业管理人员可以得到正确真实的财务信息。重视财务会计与税务会计之间的差异，并强化二者的差异协调，能够促使企业提高管理水平，进而实现整体经济效益的迅速发展。

一、财务会计与税务会计差异产生的原因分析

在实施《中华人民共和国企业所得税法》和《中华人民共和国会计法》的背景下，财务会计与税务会计在会计目标和核算范围等方面都出现了新的差异，随着我国经济的快速发展以及会计制度的一系列改革，财务会计与税务会计的差异越来越大。

一方面，财务会计的核算流程、方式、内容都是依照财务会计的准则进行的，财务会计制度的重点是努力实现企业财务和经济的标准化，提供经济利益保障。而税务会计的核算流程、方式、内容是依照税务会计的规定进行的，税务会计的重点是遵照国家税法的标准对纳税人征税，两者在本质上存在差异。现如今，财会体系在形成中不断发展，特别是国家开展了关于财务领域的相关革新活动，使得财务会计领域的相关体系与准则和税法之间开始出现隔阂和距离。

另一方面，许多单位的所有制也表现出多种形式，经济体制的逐渐变革也是导致二者产生差异的重要原因，它带动了所得税的变化，使税务会计与财务会计的差异日益明显。

二、财务会计与税务会计的差异分析

由于传统的经济管理体制不能适应社会的发展，随着税务职能的深入和渗透，财务会计与税务会计之间的差异日益凸显，两者在会计目标、核算对象、核算依据、稳健态度、会计等式和会计要素等方面都出现了明显的差异。本节对财务会计和税务会计两者的差异进行分析比较，进而剖析两者之间的协调发展的条件。

（一）会计目标的差异分析

会计目标是会计的重要组成部分，是会计理论体系的基础，其在特定情况下，会因受到客观存在的经济、社会现状以及政治方面的影响而发生改变，因此，对财务会计和税务会计所表现的会计目标差异进行分析具有重要的意义。

1. 财务会计的会计目标

财务会计要求专业人员依法编制完整、合法、真实的对外报告和会计报表，来反映企业的财务状况与经营成果，为管理部门和相关人员提供对决策有利的会计信息。财务会计目标在企业会计制度系统和财务会计系统中有着举足轻重的作用，是制定各种法则和规范会计制度的重要因素。一般来说，财务会计目标观点分为决策有用观和受托责任观。决策

有用观是指信息使用人员要确立正确的财务会计目标，为管理层提供进行决策有用的信息；受托责任观是指如实反映受托责任的进行状况。另外，财务会计的目标是以记录和核算所有经济业务的情况为基础，编制资产负债表、利润表、现金流量表和附表，向财务报告使用人员提供相应的企业经营成果、财务状况与现金流量状况等有关的会计信息，对企业的管理层所托付的任务履行情况进行真实的反映，使领导层能够根据相关财务报告可以做出更加正确、合理的经济决策。

2. 税务会计的会计目标

税务会计是商品经济阶段发展到市场经济阶段的必然产物。税务会计的目标包括两方面：

一方面，以遵守税法的相关规定为基本目标，进行正确合理的计税、纳税和退税等操作，以降低成本为目的，使税务会计主体可以获得较大的税收收益。税务会计再通过向税务和海关部门纳税申报，将纳税信息提供给信息使用人员，帮助税务部门更加方便地征收税款。

另一方面，将有利于将决策的相关信息提供给税务管理部门和纳税企业管理部门；而为了税务管理部门和纳税企业管理部门能更加正确地进行税务决策，也可以通过整合和运用高层相关人员所提供的相关信息，得到合理的决策方案，获取更高的利润收益。

（二）核算对象的差异分析

会计核算是指以货币为主要计量单位，对企业、事业、机关等有关单位的资金和经济信息利用情况进行记账。会计核算范围分为会计实践范围和会计空间范围。会计的时间范围，是指会计分期，从时间来看，会计通常是根据一个年度来划分范围的；会计的空间范围是指会计主体，实际上就是一个企业。另外，会计核算的范围从空间上看，它只核算本企业的经济业务。财务会计与税务会计两者的核算对象存在着明显差异，财务会计核算对象表现是通过货币来反映资金运动过程的，而税务会计核算对象是通过税负来反映相关的资金运动过程。分析财务会计和税务会计之间的核算对象差异，对企业的业务操作与制度改进有一定的参考价值和借鉴价值。

1. 财务会计的核算对象

财务会计通过货币计量对相关企业所有的有关经济事项进行核算，为投资人和债务人等利益相关人员进行服务，财务会计核算的对象是可以用货币表现的全部资金活动过程，需要通过财务会计对有关资金状况进行核算。相关资金活动过程不仅可以在一定的程度上反映有关企业的相关财务状况，而且可以对企业一些资金的变动和经营情况进行反映。将资金的投入、周转和循环、退出等过程纳入核算范围也可以满足投资人员、经营管理人员、企业和国家的经济管理需求。总的来说，财务会计的核算对象所涉及的范围要比税务会计更加广泛。

2.税务会计的核算对象

税务会计是对纳税人的税收变动的相关经济事项进行核算，税务会计核算的对象仅仅是与企业税负有关的资金运动，包括财务会计中有关税款的核算、申报等内容，与税收无关的业务不需要进行核算，也反映出税务会计的核算对象是受纳税影响而引发的税款计算、补退以及缴纳等相关经济活动的资金运动。而且，税务会计的核算范围与财务会计的核算范围还存在着一定的差异，具体表现在税收减免、纳税申报、收益分配以及经营收入等与纳税相关的经济活动，相对来说，税务会计涉及的范围比较小。

（三）核算依据的差异分析

财务会计和税务会计的核算依据有着明显的差异性，财务会计的核算是以企业会计准则和制度为基础的，其核算的原则和方法都来自企业会计准则，而且，企业会计准则会因为行业的不同而存在一定的差异，具有一定的灵活性。再者，财务会计和税务会计的核算会根据企业会计准则和相关制度的有关要求和规定，对会计核算进行组织和进行真实的企业财务活动记录，并且提供有用的会计信息，协助企业经营和管理。其中，依据会计准则就是要对外提供真实的高质量的财务报告，既要针对相关的资源管理和使用情况向企业管理层作出真实的反映，又要为财务报告使用人员提供正确合理的信息，帮助管理层作出正确的决策，对企业会计核算的一些不恰当行为进行规范。

税务会计的核算依据是税收法规，核算原则和方法来自税法，税法具有强制性、无偿性以及高度的统一性，用于规范国家征税主体和纳税主体的行为，从业人员要遵循税法的宗旨和规定进行核算，然后按照税法的规定对所得税额进行计算总结，并且向税务部门进行申报。税务会计核算要恪守法律规定，遵守国家对纳税人相关缴税行为的规定，目的是保证可以足额征收企业税款，以满足政府公共支出的需求以及国家和纳税人之间的财富分配。

（四）核算原则的差异分析

财务会计运用权责发生制作为核算原则，税务会计是在权责发生制的基础上，运用收付实现制对其进行调整。由于权责发生制和收付实现制对于同一笔经济业务的处理时间和处理原则不同，导致二者在入账时间及入账金额方面可能不一致。

（五）稳健态度的差异分析

会计稳健性原则是在会计核算中经常运用的一项重要原则，国家通过发布《企业会计制度》和具体会计准则充分阐述了这一原则，对企业会计核算有重要的指导作用。稳健性原则是指当一些相关企业遇到没有把握或者不能确定的业务时，在处理过程中应该保持谨慎的态度，可以记录一些具有预见性的损失和费用，并且加以确认。

财务会计的稳健态度表现在：对企业可能造成的损失和费用进行预计和充分考虑，不去预计企业可能产生的收入，让会计报表可以更加准确地反映企业的财务状况以及经营成果，避免报表使用人员误解或者错读报表信息。而税务会计的稳健态度表现在：它不会预计未来可能发生的损失和费用，只对一些已有客观证据并且可能在未来发生的费用进行预计，如坏账计提，其具有一定的客观性。在市场经济的发展态势下，不可规避风险是很多企业需要面对的问题。在面对问题时，应该积极应对、坚持审慎严谨的原则，在风险实际出现之前做到未雨绸缪，减少风险并防范风险，以化解风险。这样既对企业作出正确、合理的决策有促进作用，也间接地提高了企业对债权人利益的保障能力，进而使企业在市场上有更加强劲的竞争力。

（六）会计等式和会计要素的差异分析

会计要素是反映会计主体相关财务状况的基本单位，通过对会计对象进行基本分类而形成。财务会计有六个要素，包括资产、负债、所有者权益、收入、费用和利润，这六个要素存在联系但也有区别，是会计对象具体化的反映，而且财务会计围绕着这六大要素来反映发生的内容和业务，它构成的会计等式为："资产＝负债＋所有者权益"，这是在编制资产负债表时要满足的原则。"收入－费用＝利润"，这是在编制利润表时要满足的原则。税务会计有四大要素，包括应税收入、扣税费用、纳税所得和应纳税额，其中应纳税额是核心，其他三个要素是为应纳税额的计算提供前提条件。另外，在编制纳税申报表时，税务会计的四个要素构成了以下等式："应税收入－扣除费用＝纳税所得额""应纳税额＝应纳税所得额×税率"，这些等式可以更加具体地反映计税过程。

三、财务会计与税务会计的协调分析

在财务会计和税务会计的协调发展问题上，第一，要明确两者之间的关系，才能在社会不断发展的过程中协调好两者的关系，避免出现方法不统一、关系严重不协调的现象，要做好财务政策与税收政策、会计政策之间的协调工作，强化会计处理方面的协调性，加强其规范性。第二，重视人才培养和信息披露，不断提高工作人员的整体素质，加强工作人员的从业学习能力，也要加强对信息的充分披露，确保会计信息能够被全面、准确、充分地披露。处理好财务会计和税务会计的协调性，使两者之间政策的一致性得到保障，尽力减少差异的产生。这不仅可以促进国家经济的持续发展，为企业科学管理奠定基础，还可以保证会计信息的真实合理，使企业效益得到有效的保障，从而实现企业价值最大化和效益最大化的管理目标。

（一）强化会计处理方面的协调

第一，在会计处理方面，在按照税法规定进行财务会计的核算的同时，也要联系相关的会计原则。税务会计可以将相关的税收理论转变成税法学的相关概念、原理和基础，使其能进一步与相关会计原理与准则相结合，并且借助会计方法，反映企业的应纳税额。税务会计要植根于财务会计，财务会计是税务会计的前提。

第二，要统一会计核算基础，税收采用的是收付实现制，它虽然在操作方面比较便捷、简单，有利于税收保全，但会使应纳税所得额与会计利润之间产生差异，不能体现出税收公平的原则，既不符合收入和费用相匹配的会计原则，也不符合会计可比性信息质量的相关要求。所以，在税务会计处理方面，应该以权责发生制为基础进行计量，尽量减少税收会计和财务会计之间的差异，体现出税收的公平性；同时，还要重视会计处理的规范化，要将财务会计制度和税收法律体现在具体的工作中，会计制度要与税收制度相互协作，保障企业会计业务的规范化，根据会计理论和方法对税务会计理论体系进行完善，实现财务会计和税务会计的紧密联系。

要完善和规范会计制度，加强会计制度和税收的协调管理，相关部门需要加强对税务会计理论体系构建和完善的力度，加快对税务会计理论体系的构建，将税收学科合理地应用于税收体系的构建当中。强化会计处理有利于我国税务会计学科的发展，为更好地完善财务会计制度奠定基础，同时也有利于会计制度和税收法律制度在管理层面上相结合，可以为财务会计和税务会计两方在企业上的协调发展做出贡献。

（二）重视人才培养与信息披露

当前，由于大部分企业的财务人员和税务人员掌握的专业知识和理论都属于财务和税务分离的知识结构，甚至有一些工作人员只掌握其中一小部分的知识。这样不仅阻碍了企业的发展，还限制了企业财务会计和税务会计的合理开展，所以企业要重视和加强企业财务人员对财务会计和税务会计的学习，增加其工作的协调性。另外，财务会计人员在进行会计工作的时候，要以《企业会计准则》为基准，遵守职业道德，不断提升自己的专业学习能力、巩固专业知识、提高自己的素质，保障企业的会计信息的客观真实、健全完整。同时，针对现阶段的会计制度和对企业会计信息的披露制度不完善现象，努力加强政策宣传与会计信息披露，无论是税务部门还是财务部门都应该在宣传方面加大力度，提高对政策宣传的支持力度，保证把财务会计和税务会计的相关内容纳入宣传工作的范畴，从而提高会计制度和税收法律协调的效率。另外，应该保障会计报表的公开性，保证会计必要信息的完整披露，确保会计信息能够更加全面、更加准确、更加充分地披露，从而促进财务会计和税务会计的协调发展。

随着经济体制的不断改革和我国会计信息应用的多元化，税务会计和财务会计的矛盾和差异日益增大，两者的矛盾和差异为企业的发展和运作、财务与税务管理等方面带来了许多困难和干扰。虽然我国在努力缩小财务会计和税务会计的差异，但是两者之间的差异不可能被立即消除，所以，协调好两者关系势在必行。针对当前财务会计和税务会计之间存在的管理差异和不足之处，应该辩证对待，对两者的差异进行合理分析，在理论上争取不断地创新，不断健全和完善方式方法，结合当前的经济发展形势选择可行的协调模式。

另外，还要强化会计制度和税法的适应度，加快税务会计和财务会计理论体系的构建速度，加强财务部门和税务部门的沟通，重视人才培养、提升人员素质、强化必要信息的披露工作、协调财务会计和税务会计之间的矛盾，使企业可以更科学更稳健地运转，这不仅对企业管理水平的提升具有重要意义，而且对我国经济的发展具有促进作用。

第七节　资本市场注册会计师"吹哨人"制度

注册会计师"吹哨人"制度的构建是"吹哨人"制度在资本市场中的应用，也是及时发现并有效防范上市公司财务舞弊的重要途径。英美两国均已通过成文法的形式确立了包括注册会计师在内的证券监管领域"吹哨人"制度，但两者在吹哨义务人范围、吹哨事项、通报程序等制度设计方面存在一定差异。

一、资本市场注册会计师"吹哨人"制度概述

鼓励内部人举报违法犯罪线索的"吹哨人"制度在外国法律中并不少见。有学说认为该制度的历史渊源可追溯到约13世纪英国法律中的"公私共分罚款之诉"（"Qui Tam"诉讼），在该诉讼中公民可代表政府对某人提出欺诈指控。我国《国务院关于加强和规范事中事后监管的指导意见》（国发〔2019〕18号）也首次明确提出建立我国的"吹哨人"制度。就资本市场而言，近年来上市公司财务舞弊案件层出不穷，再次引发社会广泛关注。严厉打击财务舞弊是证券监管机构加强监管的重点，但由于监管资源较之快速增长的市场规模而言始终处于不足状态，仅依靠外部监管是远远不够的，通过举报获取财务舞弊线索是加强监管不可或缺的重要途径，尤其是承担年报审计职责的注册会计师，是防范上市公司财务舞弊的关键角色。因此，针对适用《中华人民共和国注册会计师法》且具有注册会计师资格的自然人及其所属会计师事务所这一群体建立"吹哨人"制度尤为重要。资本市场注册会计师"吹哨人"制度是一般意义上"吹哨人"制度在资本市场监管这一特别领域的投影，应由财务、会计相关法律法规及审计准则等行业规则所组成。

在《国务院关于加强和规范事中事后监管的指导意见》使用"吹哨人"一词之前，关于个人或组织向国家机关（不限于行政机关）提出违法犯罪线索的行为，在我国法学说和实践的语境中均被称为"举报"。长期以来，学界针对举报制度的研究文献内容较为丰富，涉及食品卫生监管、安全生产监管、价格违法监管等多个行政法领域及刑事司法领域，讨论内容集中于举报行为的法律意义及后果、举报人保护等内容。有学者从劳动法理论视角深入讨论了劳动者在扮演举报人角色时面临冲突，并指出只有明晰界限，鼓励与规范劳动者举报行为，才可以既保护社会公共利益，又不致用人单位遭受经济损失，对构建我国"吹哨人"保护制度具有非常重要的理论意义和参考价值。

相比之下，专门讨论"吹哨人"制度的文献远少于研究传统举报制度的文献。在为数不多的关于"吹哨人"制度的文献中，有学者从社会治理和行政法理论视角，从监督方向和主体、监督形式和对象、监督成效、治理逻辑等维度较为详细地分析了我国传统公众监督举报制度和"吹哨人"制度的区别，提出"吹哨人"制度建立了新型、对等的协作机制，制度设计更为复杂，进而指出在同一逻辑框架下难以设计和实施两种制度，需要对"吹哨人"制度单独作出详尽的制度安排。该文对于厘清社会治理逻辑、树立"吹哨人"制度的正确理念具有重要意义，但是将"吹哨人"制度限定为"内部人"的观点，在一定程度上限制了该制度的价值，与英美法上通行的实务观点大同小异。

综上，我国目前关于"吹哨人"制度治理逻辑、一般性制度建构等内容的关注尚处于学术研讨与制度草创阶段，对于"吹哨人"制度与传统举报制度之间的区别尚未有充分认识，对于证券监管领域及以注册会计师为主体的"吹哨人"制度研究更亟待充实。

二、我国注册会计师"吹哨人"制度构建思路

（一）法制现状的审视

我国现行防范上市公司财务舞弊的监管体制，是以《中华人民共和国公司法》规定的管理层及治理层为内部监督机构，而对复杂的企业财务会计相关信息，则以审计财务报表的注册会计师为外部审计监督角色，发挥其专业能力，加强会计监督；证监会作为政府监管机构，实施对上市公司包括财务报告在内的信息披露监管，由此构建起内外部联动的财务信息安全网。其中，注册会计师依法承担将其获得的财务信息及审计结果向上市公司各利益相关方予以披露的职责，包括向股东及不特定的社会投资者披露的外部信息披露职责，以及向管理层及治理层等内部机构披露的内部信息披露职责。外部披露指可协助股东作出投资判断，内部披露指可辅助管理层及治理层发挥内部监督的功能。

我国现行的《中华人民共和国注册会计师法》第20条、第21条以及《中国注册会计师审计准则第1141号—财务报表审计中与舞弊相关的责任》第41条、《中国注册会计师审计准则第1142号—财务报表审计中对法律法规的考虑》第29条虽就注册会计师与公司内部机构在发现财务舞弊上的通报与合作关系予以了详细规定，但对于注册会计师与政府监管机构之间如何通报与合作却几乎未有规定。其他考察法律及审计准则等相关规定，也没有针对注册会计师在审计上市公司财务信息时就发现的涉嫌财务舞弊事项向监管机构主动通报的明文规定，仅将会计师是否具有向外部报告舞弊的义务交付具有立法权的公权力机关进行判断，同时将可能设定报告义务的法律渊源限定在法律和行政法规层面，这意味着监管机构的规章不被视为义务来源。而在证监会公布的《证券期货违法违规行为举报工作暂行规定》这一关于资本市场一般吹哨人制度的文件中，未将举报视为注册会计师的法定义务。

（二）规定会计师吹哨义务的必要性和可能性

上市公司是资本市场的基石，其信息披露应真实、准确、完整，而财务报告又是信息披露中最重要的内容。上市公司信息披露监管是证券监管的重要组成部分，而行政监管作为外部监管力量，一直存在资源稀缺和成本高昂的缺点。监管机构对上市公司财务舞弊的稽查执法不易，相关违法行为隐秘性高，不易察觉也不易取证，"吹哨人"制度实为调查此等违法行为的有利途径。同时，财务舞弊涉及高度专业的财务知识，较之食品安全、安全生产、环境保护等行政监管领域容易理解与发现的违法行为，更难以被人察觉。换言之，财务舞弊是一种专业性强却又存在严重社会危害性的违法行为，对不具备专业知识的人来说，即使身为公司员工也难以察觉。但因《证券法》等法律法规要求上市公司财务信息须经由会计师鉴证审计，会计师有较大机会接触上市公司内部财务信息，同时，会计师具备专业知识，较其他人更有判断公司行为是否合法的能力，即具有披露舞弊的可能性。

美英两国注册会计师吹哨人制度虽有不同，但对于注册会计师对企业财务舞弊信息的吹哨职责，均通过成文法正面予以明确规定，并进行与之相关的各种制度安排。这种对注册会计师吹哨义务的规范方式，不但可以凸显注册会计师信息披露职责的优点，对于注册会计师专业特性具有宣示性的效果，还有利于监管机构及早发现并处理财务舞弊风险，更可以免除注册会计师的法律责任。反观我国，仅以注册会计师法和审计准则规定注册会计师对作为委托人的上市公司履行相关通报义务。在实践中，财务舞弊一旦遭监管机构查实，遭受损失的投资者及社会舆论往往会对负责审计的注册会计师进行强烈谴责，监管机构也会对注册会计师加以处罚，但此时财务舞弊重大损失已经形成。

所以，监管机构除了规定一般"吹哨人"规范外，有必要要求具备特殊资格与专业知识的会计师，在发现上市公司违法行为时向公司内部或外部监管机构进行及时通报。该制度的确立除了实时制止已发生的财务舞弊和避免损害的扩大外，还可以有效降低上市公司潜在的违法冲动。而且，从有利于行政监管与投资者利益维护的角度出发，此种通报不能只以出具"非标准审计意见"进行事后替代。

此外，从法制统一和法律文化的角度来看，举报是我国依靠社会力量打击各种违法犯罪行为的重要法律手段之一。虽然目前并无专门规范举报制度的单行法律，但散见于法律法规、各类规范性文件及司法解释中名为"举报"的规范已有百余条，包含举报内容的规范多达千余件，肯定、支持、鼓励举报违法行为的法律文化已经形成，特别是对于社会危害性大的违法行为，一般民众对相关举报亦能给予充分肯定。注册会计师"吹哨人"制度不仅可与其他举报规范相协调，并可为专业人士举报义务开先河，也能够为社会一般民众所理解。

不可否认的是，注册会计师吹哨人制度的引进，将对我国注册会计师行业及整个审计服务市场带来较大的冲击和影响，短期内将对注册会计师事务所水平提出严峻挑战。在我国资本市场上市公司财务舞弊发生频率和危害不断增大的今日，可以看到，危机促成法制革新的规律对我国法同样适用，通过法律强制性规范去促成制度革新和社会进步，是正确且必要的选择。

（三）借鉴美英法律经验建设中国注册会计师"吹哨人"制度

良好的注册会计师"吹哨人"制度应尽量以单行法形式颁布，便于所有利益相关方学习理解并使用，并在法律中明确"吹哨人"范围、被吹哨对象范围、吹哨事项、吹哨人通报程序、吹哨人保护措施（就业保护与责任豁免）、吹哨人奖励以及违反吹哨义务的处罚等内容。另外，美英法律上还规定不得故意向注册会计师提供虚假财务信息，不得欺诈、胁迫、操纵、误导注册会计师，此类规定可视为对注册会计师吹哨行为一种隐形的保护，亦可资借鉴。

在吹哨人范围上，宜采取美国法律规定的事务所直接承担吹哨义务的做法，一方面能够克服注册会计师个体畏惧失业或遭打击报复而不敢吹哨的困难，另一方面又可以在尚未建立一般"吹哨人"制度的背景下，较好地衔接现行劳动者保护相关法制，减少劳动者保护新型问题的产生。

在吹哨事项上，应以专门防治财务舞弊问题、满足监管需要为前提，短期内不将注册会计师的一切业务赋予吹哨责任，亦不以一切公司为被吹哨对象，即考虑借鉴美国法律的模式，将该制度与服务资本市场紧密结合，围绕上市公司财务报告审计而展开。同时，美国法律虽规定注册会计师应对一切不法行为吹哨，但是又规定对外部监管机构负有吹哨义务的，仅限于对财务报告产生重大影响的不法行为，这一规定在吹哨义务、监管能力、社会公益之间找到了较好的平衡点。否则，如果规定注册会计师对审计中发现的一切不法行为均需向外部监管机构吹哨，对双方而言都可能造成重负，一旦监管机构不能及时处理，将严重损害"吹哨人"制度的权威性。在构建我国"吹哨人"制度时，吹哨事项可借鉴美国法律的做法，以重大财务舞弊为限规范监管机构的吹哨事项。

在"吹哨人"通报程序上，考虑到我国企业治理现实水平及监管机构后续调查取证的需要，宜借鉴英国法律，以通报外部监管机构为第一要点。但是，如进一步考虑平衡上市公司作为注册会计师雇主的利益和社会公益的需要，并考虑到现行注册会计师对财务舞弊予以内部"指明"的义务，可借鉴美国法律上内部通报优先的程序，给予上市公司自行纠正的机会，但需明确注册会计师在有充分理由相信上市公司不会在法定期限内自行纠正、报告、披露时，须向监管机构通报。

在构建我国注册会计师吹哨人制度时，需充分借鉴美国法律经验，将保护奖励吹哨行为和惩处违反吹哨义务紧密结合。一方面，给予"吹哨人"足够的保护和奖励，明确规定注册会计师不因吹哨而承担任何民事责任（如保密义务），同时仍可要求被吹哨对象如约支付审计费用；另一方面，对不履行吹哨义务的注册会计师，应实施暂停执业、撤销资格、罚款、承担财务舞弊连带责任等制裁。需注意的是，在明确规定注册会计师因吹哨而免责的同时，可参考英国法律模式，要求注册会计师吹哨时在有充分审计证据的基础上对吹哨事项予以通报，以减少滥用权利的情况发生，但是英国法律中所谓的"善意"规定又过于严苛，此种主观要件并不完全适合我国举报制度，难以获得社会公众的理解，所以我国在"吹哨人"制度草创阶段不宜做出此类规定。

《国务院关于加强和规范事中事后监管的指导意见》（国发〔2019〕18号）中提出的建立我国"吹哨人"制度，应当成为资本市场领域防范财务舞弊的重要指示。承担上市公司财务报告审计的注册会计师，较一般人更能发现、更易发现上市公司的财务舞弊行为。因此，除了通过不具备特殊资格或身份的一般"吹哨人"举报上市公司财务舞弊外，通过会计师披露财务舞弊行为，更能发挥"吹哨人"制度预防舞弊发生、阻止舞弊扩大、降低损害范围、保障投资者等的作用。所以，规定注册会计师具有向外部通报财务舞弊的义务，能够更好地实现《证券法》等法律防范上市公司财务舞弊的立法目的。

第三章 信息化时代下的财务会计

第一节 企业财务会计信息化问题

在市场环境日益复杂的背景下，企业财务管理迎来了新的挑战，它越来越受到企业与员工的关注与重视。针对这种情况，笔者认为，应该将会计信息化应用到企业财务管理之中，全面提升企业的竞争优势，推动企业的财务发展，因此，有必要深入探讨企业财务会计信息化问题。

信息技术的快速发展在很大程度上推动了企业财务管理方式的转变，将信息技术应用于企业财务管理是现代化企业财务发展的必然趋势，在转变企业财务管理方式的同时引导企业会计朝着信息化方法学发展。本节主要就企业财务会计信息化问题进行分析与探讨，希望对企业财务方面的发展有所裨益。

一、会计信息化的相关概述

简单来说，会计信息化就是以财务管理与信息技术相结合的方式提升工作质量及企业竞争优势。会计信息化发展要求在进行会计工作创新与改革的同时，结合实际情况重新构建传统会计模型，以此达到提高会计工作影响力与吸引力、促进信息技术和企业会计融合发展的目的。在会计信息化的全过程中渗透计算机技术，这是现代企业财务工作发展的重要途径，对企业财务进步及其工作效率的提升具有促进作用。为了进一步发挥高科技优势，促进会计工作方式的创新，提升企业财务与社会发展需求的适应性，在重视会计信息化作用的同时应将其贯彻落实到企业财务全过程。

二、提升企业财务会计信息化的有效策略

（一）树立与时俱进的管理理念

企业财务会计信息化的实施需要与时俱进的管理理念的支撑。一要引导财务人员树立与时俱进的管理理念，正确认识到会计信息化的重要性和财务管理工作创新的必要性，从

而主动摒弃相对落后的传统观念；二要引导财务部门树立符合现实需求的管理理念，以财务管理创新理念带动企业其他部门理念的更新，从而为财务会计信息化的顺利实施提供保证；三要引导财务人员形成一定的风险管理意识与观念，做好财务风险防范工作，避免会计信息化发展受到不必要的影响。

（二）做好内部审计工作

在会计信息化背景下，内部审计对企业财务的影响越来越显著，面对此种形势，企业应主动做好内部审计工作，不断优化、完善审计制度，提升审计监管作用与审计综合能力，同时企业还应将会计信息体系与审计体系相结合，发挥两者的结合作用。另外，在进行内部审计体制构建的过程中，需要综合考虑审计部门的特征与性质等，强化各部门监控，及时发现问题并加以解决，从而全方位地提升风险管理的效率与质量。

（三）重视企业财务风险管理

企业财务会计信息化的快速发展在为企业带来诸多发展机遇的同时也带来了一些其他问题，其中财务风险是最为显著的问题。具体来说就是企业财务会计信息化在一定程度上转变了会计信息氛围与环境，会计信息的分析与解决依赖于信息平台，若计算机系统与其不相适应，出现了瘫痪的现象，则会给企业造成极大的损失。针对这种情况，笔者认为，企业应提高对财务风险管理的重视，在实践中不断探索与总结风险防范体制的优化策略，做好计算机监督控制工作，在降低财务风险的同时保证会计信息化的稳定发展。

（四）进行企业内部控制制度优化

企业需要依据市场的发展趋势制定与企业实际发展状况相符合的内部监督管理体制，并将之贯彻落实到企业生产的全过程。企业内部监督管理体制与财务活动有着密切相连的关系，企业要提升财务活动过程的透明度与经济活动的安全程度；另外，还需制定符合企业发展需求的预算制度，在分析综合方案预算的基础上全方位记载企业相关部门实际支出状况，促进企业财务会计信息化的有效实施；还需结合实际情况不断优化与创新制度，最大限度地提升财务预算适应性，避免预算作用弱化。

（五）发挥财务管理队伍的积极作用

会计信息化在企业财务中的应用是一项相对复杂的工作，具有长期性与系统性，涉及多方面内容，在具体应用过程中不可避免地会发生一些问题，这就需要高素质高技能的财务管理队伍来处理问题，保证相关工作的有序进行。

一方面，企业需要定期安排现有财务人员参与学习和培训，在开阔视野、拓展各方面知识的同时提升综合能力与素质，使之熟练掌握会计信息化特征及应用能力，同时也需定期组织有关财务核算的软件培训，提高财务人员对财务核算软件的认识与了解，能够灵活地进行数据分析与处理，全面增强信息化水平；另一方面，企业需要制订符合现实需求的薪资待遇，积极引进更多专业人才，不断壮大财务人员队伍，提升财务人员队伍整体素质，一来激发财务人员工作积极性与主动性，二来提升企业财务的影响力，为企业财务会计信息化的实现铺垫坚实的人才基础。

总而言之，企业财务会计信息化的实施是优化财务工作、提升财务数据准确性的有效渠道，有利于激发员工的工作热情并提高企业财务工作的质量。要注意的是，会计信息化在为企业财务工作提供机遇的同时也给企业带来了一定的挑战，因此企业在应用会计信息化时应综合考虑多方面因素，不断探索与总结会计信息化应用方法，全面发挥会计的信息化作用。

第二节 会计信息化与企业财务管理

随着网络通信技术和计算机技术的快速发展，传统的财务管理模式已无法满足企业发展的实际需求。在现阶段的企业财务管理工作开展过程中，要求企业能够结合时代发展特征，不断优化、创新企业管理模式。通过会计信息化的方式，将企业的财务管理工作与会计结算进行有效的融合，以加快企业财务管理的改革和转型工作。本节就会计信息化与企业财务管理中存在的问题，对如何实现企业财务信息化管理进行了研究讨论，并提出相应的工作建议。

现代企业要逐步加强企业财务信息管理工作，为企业的日常运营和发展提供基本保障。通过大量的调查发现，有部分企业已经意识到应用信息技术的重要性，在企业财务管理工作开展的过程中选用了部分管理软件，企业财务管理初步进入了会计信息化的模式。传统会计模式下的企业财务管理工作，常常会受到主观及客观等多方面因素的影响，加大了企业财务管理的难度。在实际发展过程中，企业应清晰地认识到会计信息化与企业财务管理之间的联系，科学合理地利用会计信息化技术，为企业的正常运营和发展提供决策性建议。

一、企业财务信息管理中存在的问题

（一）缺乏正确认识

随着科学技术的不断发展，当前企业财务管理工作开展的过程中，企业要能够结合时代发展特征，不断更新企业管理理念，优化企业内部结构，加强企业内部审计工作，全面加强企业内部的调整工作，以适应社会发展，增强企业的核心竞争力。而在开展企业财务管理工作的过程中，由于部分领导人对于企业财务信息化管理存在偏见，认为应用互联网加强企业财务信息管理工作，所以在一定程度上加大了信息泄露的风险，难以保障数据的完整性，很有可能面临无法挽回的损失。究其原因，是会计信息化的发展还不完善。

部分企业在开展生产经营活动的过程中，其管理人员更加注重短期的效益，安于现状，缺乏一定的挑战意识和时代精神，把企业生产经营的核心放在了稳定经营上，没有意识到时代对企业的新要求；缺乏企业规划，没有正确认识到财务信息化管理的必要性。由于企业管理人员对于企业财务管理信息化建设缺乏正确的认识，在一定程度上加大了企业财务信息化管理的难度，难以达到企业发展的实际需求。

（二）软件性能落后

企业在开展财务信息化管理工作的过程中，要确保具备相应的硬件设施和软件设施，以此为企业财务信息化管理工作提供基本保障。但大量的研究表明，部分企业在开展生产经营活动的过程中，由于其相应的财务信息化管理软件的性能较落后，难以结合时代发展特征不断优化更新系统，难以达到企业生产经营活动开展的需求，所以增加了企业财务信息化管理的难度；更深层次的原因，则是大部分企业并不具备自主开发信息化软件的能力，缺乏专业的人才和过硬的技术。

目前，企业财务在开展信息化管理工作的过程中，只能从大型企业购置相应的管理软件，进而造成企业财务管理软件与其自身的发展情况存在一定差异，难以为企业正常的生产经营活动提供有效的辅助参考，达不到企业财务信息化管理的要求。而国内专门制作财务软件的机构，在软件开发的过程当中，受到经验、资金、技术等多方面客观因素的限制，做出来的财务管理软件达不到企业财务管理的要求。

（三）会计流程不足

相对于传统的会计管理工作来说，会计信息化主要是通过汇总的方式来储存企业的数据和相关的信息。在企业财务管理的应用过程中，无法准确、全面地反映企业的经济业务本身面貌，对于企业来说，在一定程度上增加了其管理难度，同时还增加了潜在的安全隐患。企业进行财务管理时所应用的会计信息化系统，仍旧存在反馈信息与业务情况不符的现象，还存在信息滞后等问题，难以保障会计管理的质量。

由于现有的会计流程存在缺陷，难以为企业的生产经营活动提供相应的数据信息作为支撑，导致会计信息的优势也难以得到发挥和体现。现阶段，大部分企业对于会计财务流程的设定过于敷衍，难以达到企业财务管理信息化的需求。当企业进行经济业务之后，主要是由相应的部门和相关人员来进行记账和单据整理，缺乏系统的监督检查机制，常因人为操作的失误或漏洞，造成信息录入错误。

二、会计信息化对企业财务管理造成的影响

（一）会计功能的影响

会计信息化在企业开展财务管理工作的过程中，相对于传统的管理模式，能够不断优

化企业财务管理体系，分别从会计信息的生成方式、传输方式以及会计目标三个方面影响会计功能，进而为企业财务管理工作提供有效的保障，不断优化、创新企业财务管理的模式，使得其能够适应时代发展的需求，增强企业自身的竞争力。相对于传统的人工生成信息来说，会计信息化能够有效地减轻会计人员的工作量，提高会计人员的工作效率；而借助现代化的信息系统，能有效提高会计信息生成的效率，还能够有效提高信息生成的准确率。

传统的会计信息传输过程以纸质传输为主，传输的速度相对较慢，效率低下，而会计信息化能够有效提高会计信息传输的速度，在保障会计信息传输准确性的同时，提高其传输的效率。加强企业财务管理的主要目的是促进企业的经营发展，针对财务状况制订科学合理的财务方案，逐步加快企业生产经营活动。会计信息化能够帮助企业明确其财务管理的目标，通过会计报表，让企业的决策者准确地认识企业自身的情况，明确其生产经营活动当中存在的不足，加快企业的改革和转型，推动企业的经济发展。

（二）会计人员的影响

随着信息技术的不断发展，企业财务管理工作已经发生了翻天覆地的变化，对于企业的会计人员有了更高的要求。如今，在开展企业财务管理工作时，应要求相应的会计人员能够熟练应用计算机，并能够熟练掌握计算机的各种操作，同时，还要求会计人员具有一定的职业道德素质。在工作的过程中，能够积极承担相应的责任，坚守岗位职责，保障会计信息的安全。

事实上，对于会计人员来说，在会计信息化的时代背景下，要积极学习先进的技术和技能，不断提高自身的综合素质，在拥有传统会计技能的同时，熟练掌握信息化技术。在工作的过程当中，会计人员应能够熟练运用信息化技术全面加强企业财务管理工作；能够借助信息技术，全面加强对企业财务的监管工作，以此保障企业能够正常的生产经营，以促进企业发展。这就要求相应的会计人员能够充分利用网络和信息技术，突破传统手工会计的局限性，通过企业内部网、外部网及互联网直接收取相应的数据信息，实现会计业务一体化的处理工作；全面加强企业财务核算和动态核算工作，为企业的正常生产经营活动提供有效保障。

（三）内部审计的影响

加强企业内部审计工作，能够促进企业内部监督管理工作，提高企业财务管理的质量。要想做好企业内部审计工作，就要保障其收集到的相应的数据信息全面、科学、可靠。在企业开展生产经营活动的过程中，加强企业内部审计控制工作，结合企业的生产经营活动，提高企业财务管理绩效。相对于传统的企业财务管理工作，会计信息化能够充分利用计算机和互联网等现代信息技术的优势，全面加强企业的财务管理工作，不断完善企业财务管理体系；而更加准确的记账、算账、报账等工作能够有效减少人为失误，全面加强企业财务管理工作。

企业内部的审计工作相对较烦琐，对相应的审计人员要求较高，除了掌握基本的审计专业知识之外，还要求相应的审计人员能够掌握系统软件的测试能力，全面加强会计软件的控制工作，以此提高企业内部审计工作的质量。而会计的信息化能够充分利用互联网的优势，保障企业各种财务资料和会计信息的完整性和可靠性，有效提高企业内部审计工作的效率和质量，避免信息失真现象的发生，降低企业内部审计工作的难度。

三、企业财务管理的改进策略

（一）转变管理理念，加强人才建设

在会计信息化的时代背景下，为了有效提高企业财务管理工作的质量，在企业的生产经营活动开展过程当中，则要求企业能够充分意识到会计信息化为其财务管理工作带来的优势，有效转换其财务管理观念，树立正确的信息化财务管理意识。为实现企业财务信息化管理工作，企业应树立强烈的信息化意识，在实际的工作过程中，借助会计信息化的优势，不断优化、创新企业财务管理的方式方法，在加强企业财务管理改革的同时，能够清晰地认识到提升企业员工财务管理会计信息化意识的重要性，通过定期的培训和交流，不断提高企业财务管理人员的思想水平。

根据调查结果可知，我国有将近60%的企业认为在企业财务管理信息化建设的过程中，企业财务管理信息化建设难以高效发展的原因是缺乏相应的技术人员。这就要求企业能够全面加强对相关人员的培训工作，通过有效的培训，不断提高企业工作人员的技能和综合素质，为企业财务管理的信息化建设提供人才保障。同时，企业在开展财务管理工作的过程中，还需要结合自身发展情况，不断优化企业自身的会计队伍建设，从企业发展的全局出发，建立一个会计信息化的环境，提高企业财务管理的质量。

（二）优化企业结构，建立控制制度

在企业财务管理信息化建设的过程中，需要企业充分认识到其发展过程当中存在的不足和缺陷，进而能够结合时代发展特征，借助会计信息化的时代背景，不断优化企业自身的发展结构，积极调整企业的内部结构，并建立相应的企业财务管理内部控制制度，以此保障企业财务管理信息化工作的高效运行。这就要求企业能够在会计信息化的形势下，全面做好企业内部控制工作，不断完善企业内部控制的制度，为企业财务信息化管理提供基本保障。事实上，企业财务管理的流程在一定程度上也会影响企业财务管理的质量和效果，这就要求企业在开展生产经营活动的过程中落实财务管理工作，并将财务管理作为核心，建立相应的业务流程。

同时，还要综合考虑企业财务管理的现状以及财务管理的目标，科学合理地制定企业财务管理规定和标准。在实际的工作过程中，还要求企业能够充分考虑企业生产经营活动的需求，进一步完善企业内部管理制度，增强其管理制度的可行性和可操作性，不断优化

企业的内部机构，借助有效的奖惩制度，全面加强企业内部人员管理工作，以此实现资源的合理配置。

（三）创新管理模式，加强风险预防

在企业开展财务信息化管理工作的过程中，其管理的模式在一定程度上也会影响企业财务信息化管理的效果。这就要求企业能够充分意识到会计信息化对于企业财务管理工作的重要性，在实际的财务管理工作中建立相应的会计信息系统，全面加强会计信息和数据的收集处理工作，为企业的正常生产经营活动提供有效保障。在实际的工作环节中，则要求相应的工作人员能够科学合理地设计会计信息化系统，保障会计信息化系统的安全性和稳定性，有效避免因信息泄露以及数据错误等多种情况造成的会计信息泄露。倘若会计信息系统出现了漏洞或异常情况，很容易引发数据泄露或遗失等问题，会一定程度上增加企业财务管理的风险，难以保障企业的财务安全。

因而在现阶段的企业财务管理工作开展的过程当中，则要求相应的工作人员能够结合时代发展特征，不断优化创新其管理模式，且能够不断完善企业财务管理的模式，加强风险预警。会计人员和审计人员应积极承担起相应的责任和义务，在数据收集和处理的过程中，仔细严谨，且具有一定的风险防范意识和应急能力，当风险发生时能够第一时间进行处理，有效防止事件的进一步恶化。同时，在实际的工作过程当中，还应要求相应的工作人员能够定期的检查和监控会计信息系统，定期维护会计信息系统的硬件设备，以保障会计信息系统能够高效稳定地运行，有效消除潜在的安全隐患，增强会计信息系统的安全性和稳定性，提高企业财务管理的质量。

（四）完善会计软件，构建管理体系

在会计信息化的形势下，为了加强企业财务管理工作，企业要不断完善会计软件，且能够结合企业的实际发展状况，构建相应的信息化管理体系，让企业的财务管理工作更加适应时代发展的需求。在企业财务管理工作开展的过程当中，应从技术层面入手，不断优化和完善企业财务管理的技术，以满足企业财务信息化管理的各方面需求。

企业要大量引进专业人才。企业在加强财务管理的同时，要结合时代发展的特征不断提高相关人员的计算机技术，使其能够自主开发企业财务管理软件。这就要求企业在引进先进的财务软件，能够加强与财务软件研发企业的联系，以此构建企业的专属财务管理软件，保障企业财务管理工作能够高效地开展，最大限度地促进企业财务管理会计信息化发展。企业的相关人员应结合软件的使用性能，不断优化企业财务管理体系，将企业的经营工作流程与互联网相结合，实现企业财务管理的自动化操作，全面加强企业财务信息的收集和处理工作，以此实现企业财务管理的目标，为企业的经营发展提供科学的数据信息，使得企业的财务管理工作能够更加全面、高效地进行。

总之，随着科学技术的不断发展，企业财务管理工作的开展应越来越现代化。在实际

的工作环节中，应借助信息技术，在传统的企业财务管理基础上，全面加强数据信息的收集与处理工作，为企业的经营发展提供科学的理论依据和保障。这就要求相应的企业能够充分意识到会计信息化给企业财务管理工作带来的积极影响，加快企业财务管理体系的升级和创新工作，科学合理地应用信息技术，加快企业财务管理的改革和转型。

第三节　会计信息化下的财务会计流程优化

现阶段，我国社会经济呈现着迅猛的发展趋势，这种趋势给各个行业带来机遇的同时也形成了一些挑战。从企业发展来讲，财务会计起着较为关键的影响作用，对企业各项工作的顺利开展都有着非常大的帮助。随着互联网信息技术的发展，传统的财务会计工作流程以及内容，已经无法满足企业在现代社会市场中的发展经营需求。企业想要获得更大的经济效益，提高自身的管理效果，就必须结合信息化时代的发展需求，对传统的财务会计流程进行优化和改进，从而使其走上可持续发展的道路。本节对财务会计流程作了基本介绍，并且分析了传统财务会计流程中存在的问题，从而对会计信息化环境下的财务会计流程的优化策略展开研究。

一直以来，财务会计都是企业经营管理的重要依据。我国的财务会计行业呈现着飞速的发展趋势。信息时代的来临使得企业想要获得更高的经济效益，就必须要结合各种新型的技术，对传统的财务会计流程进行优化。众所周知，对于企业来讲，财务会计决定着企业的经济效益，作为一项系统性较强的工作，在展开财务会计的过程中，务必要保证各项数据信息的真实性、及时性、准确性以及完整性，使财务会计工作在社会的高速发展下，也朝着信息化的方向发展。

一、财务会计流程的基本认识

任何企业的发展和经营，都离不开财务会计工作。我国企业行业组成的丰富性，使得财务会计的流程也与企业自身的经营方向有着一定的关联。在各个不同的企业当中，财务会计的流程也存在着一定的差异。企业的经营管理主要包含三大流程，即业务流程，财务会计流程和管理流程，这三者之间密切相关，互相影响和约束。财务会计作为企业展开管理的重要依据，在企业的整体发展过程中占据着一定的核心地位，对企业的经济效益有着非常重要的影响。作为企业的核心部门，财务会计通过对业务流程中产生的各项数据信息内容进行收集和加工处理，将这些信息提供给管理部门，从而为企业的生产经营管理提供可靠的依据。由此可见，在一个企业中，财务会计是有效连接企业业务流程和管理流程的重要环节。

财务会计的具体流程为：根据企业日常生产经营活动过程中发生的各项业务和费用往

来等原始凭证，将其作为依据填写会计凭证，并将这些信息进行分类，编制成会计账簿生成会计报表。通过财务会计工作，企业管理层能够及时地了解企业每个阶段的经营发展状况，从而为优化企业各项工作提供可靠的保障，推动企业的可持续发展。

二、我国传统财务会计流程当中存在的问题分析

（一）各个会计流程阶段之间缺乏有效的联系

我国的财务会计流程自发展以来，从最初的手工记账，逐渐转化为半手工记账的方式。在此发展的过程中，相关的会计人员们都严格地按照记账顺序来完成企业的账务资料。这种传统的财务会计流程，看似为企业提高了工作效率，其实，由于各个会计账务处理环节都单独存在，所以传统的财务会计流程无法有效地使各个会计流程阶段之间的联系更加密切，不能及时地为人们提供相同的会计信息资料，这样一来，便阻碍了我国财务会计的更好发展。

（二）无法更加准确地体现出企业的经营管理状况

根据调查研究发现，在我国的传统财务会计流程当中，虽然可以为企业相关业务的展开提供有关的账务信息内容，但是，由于所提供的信息内容比较局限，使得企业自身无法有效地借助这部分信息内容，来实现对企业自身经营发展状况的预测和管理，这对企业自身的发展造成了影响。另外，由于传统的财务会计工作所包含的信息内容不够完善，所以不能为企业的经营管理工作提供可靠的信息依据。

（三）财务会计相关数据信息无法及时更新

财务工作人员在展开财务会计的各项流程过程当中，主要是根据不同业务的发生，来进行相关的账务信息登记和核算管理。这些业务之间彼此分离，企业一般要对整个会计工作区间的财务数据信息进行收集和整理，只有等到该会计工作区间的业务发生之后，才能够取得完整的数据内容。但是，财务会计对及时性的要求较高，这种传统的财务会计核算管理方式，无法及时有效地对数据信息进行更新，为企业在后期所提供的数据信息，已经失去了原有的实效性，使得信息的滞后性比较强。这样一来，企业想要实时地获取自身的发展经营状况，也会受到传统财务会计计算流程的严重影响。倘若企业在进行各种决策管理时使用了这些财务数据信息，有可能会给企业的决策会造成严重的误导，从而带来各种无法预测的巨大的经济损失。

（四）财务会计信息之间联系不足

由于传统财务会计中的各项会计业务核算，都是单独存在并且单独完成的，所以这些会计核算信息之间的关联性并不强。这种财务会计核算形式并不能明显地反映出业务信息

之间存在的有效联系，使信息的传递失去了一定的价值，无法为企业的发展提供可靠的依据。

三、会计信息化下财务会计流程的优化策略探讨

随着现代社会的发展，社会经济主体之间的竞争力越来越激烈，财务会计信息是企业发展的重要依据，想要提高企业自身的竞争力，给企业带来更大的经济效益，就应提高财务会计的工作效率，使其能够发挥自身价值为企业提供更加高效的信息内容。信息化技术的发展，对财务会计提出了更高的要求，只有结合信息化技术，对其进行有效应用，优化财务会计的流程，才能促进企业更好地发展。

（一）制定财务数据统一标准，促进彼此之间的有效关联

在现代社会中，信息技术的广泛应用能够为人们在各个方面提供一定的便利。企业的财务会计工作所包含的内容十分复杂，想要更好地实现财务会计工作的信息化管理，就必须结合信息技术，为财务数据制定统一的数据标准，使财务会计的各个流程以及数据核算的联系更加密切。在该环节中，务必要保证所输入的数据信息内容具有真实性和有效性，在一定的标准下，实现对财务数据的科学性和规范性的管理。同时，还必须要确保财务会计在输出各种凭证以及账簿、账表信息的准确性与科学性，更好地借助信息化技术来为企业的各个经营管理部门实现数据信息共享，使财务数据信息的使用范围更加广泛、使用效率更高。除此之外，也更好地为各项财务数据资料的保存提供保障。

（二）对财务会计核算流程进行简化

传统的财务会计核算流程比较复杂，各种核算项目都必须要通过人工操作才能够完成，这种复杂的核算流程，同时也加大了数据存在核算失误的概率。如今，在信息技术的支持下，可以借助信息技术功能在财务会计和相关业务之间进行有效的联系，使财务会计能够直接获得企业产生的数据信息。这样一来，不仅节省了人工成本，提高了企业财务会计核算的工作效率，也能减少或避免人为产生的各项误差，有效地保证了企业财务会计各项数据信息的准确性。当企业相关的业务部门经过确认和核对，确保数据信息无误之后，便可以将其上传在数据库当中，为企业的财务管理部门提供准确、及时、高效的数据信息，通过财务软件对这些数据信息进行专业的处理，生成相应的财务账表。该流程十分简单，极大地缩短了企业处理财务会计工作的各项成本，为企业创造了更好的经济效益。

（三）促进企业各项信息之间的密切联系，提高实时控制策略

在传统的财务会计工作模式中，各项数据信息之间的联系不足，使得企业无法更好地控制和管理自身的经营决策的发展。因此，在会计信息化环境下，要确保各项数据信息之

间的关联，在最初对数据信息进行录入的时，要设定好数据之间的逻辑关系，相关的财务工作人员要对这些数据信息进行有效的控制。在财务会计工作中，会计人员不仅要对这些数据信息进行处理和核算，还要掌握这些数据信息的来源，以及企业自身在经营活动过程中的发展状况。当企业进行各种经济业务的时候，对于经济业务信息的准确性，财务会计人员可以凭借自身的经验以及专业技能进行有效的判断。在此基础上，便能够为企业的可持续发展提供更加准确的决策依据，为企业的更好发展带来安全可靠的保障。

（四）提高对财务管理软件的使用效率

随着互联网科学技术的发展以及广泛的应用，在信息技术的支持下，人们加大了对各种技术的研究力度，为各个行业都带来了非常大的便利。财务管理软件在信息技术的发展下，也得到了很大的改善和提升。企业应当提高对各种财务管理软件的应用效率，有效地借助这些财务软件，进行对企业各项经营活动以及业务的判断和控制，避免各种财务风险的出现。比如，对于企业中存在的各项往来账款账务信息，可以设定功能提醒，设定明确的责任人，对这些应收应付款项进行统计，提高企业的账务处理效率，减少各项坏账的损失。

综上所述，财务会计对于企业自身的经营管理有着至关重要的影响，作为企业发展的核心工作，财务会计的工作流程对企业经营管理的工作效率和工作质量有着一定的决定性作用。在我国传统的财务会计流程下，企业无法对经营管理全过程的各项数据信息进行掌握，而且，随着现代社会的发展，企业想要提高自身的影响力，就要结合新时代背景和新科技，对财务会计流程进行优化。在会计信息化的环境下，企业的财务会计流程得到了有效的简化，可以为企业开展各项业务提供条件，同时也为企业制定决策提供了准确的数据依据。

第四节　财务会计与管理会计的信息化融合

随着科技进步、信息化手段的更新迭代以及大数据治理理念的提出，企业的经营管理活动呈现出了更多的形式及方法，以往限于数据精度、深度、难度的问题得到了有效的解决，人们逐渐从烦琐的基础工作领域中得到了解放，开始有更多时间去思考数据背后的"真相"，并加以利用。财务信息管理是企业的经营管理非常关键的一部分，企业财务信息管理的好坏对企业最基本的经营管理效果的好坏影响深远。以往的财务会计的工作主要是以核算为主，但是这种模式已经不能适应现在企业发展的需求，因此必须对传统的财务会计信息工作进行管理与创新改革。相对于传统的财务会计管理工作，管理会计是一种从企业战略发展的层面对企业财务信息进行深度处理、分析、应对的能力，是为企业经营管理和战略发展提供更多决策依据的一种财务手段。

一、企业中管理会计和财务会计的差异以及联系

（一）管理会计和财务会计之间的差异

管理会计和财务会计之间存在较大差异，具体表现在以下几个方面：

一是作用上的区别。前者是对企业生产经营状况进行核算并以可计量的形式进行反馈；而后者是在前者的基础上进行加工、提炼、分析，实现财务信息的深度利用。两者之间的职能差异，在一定程度上导致了作用的差异。

二是原则上的区别。前者是企业内部管控，其管理手段更多的是基于企业内部要求以及制度规范；而后者需要严格遵循国家要求来进行。

三是方法上的区别。前者无固定模式，企业的生产经营活动在运行的过程中具有较高的灵活性；而后者具有严格的运行过程，不可随意变动。

四是对工作人员的素质要求。前者对工作人员的要求更高，要求工作人员对企业内外部环境有一定程度的认知，并且具有较强的知识分析联系能力；后者着重于对制度、规范的熟悉程度。

（二）管理会计和财务会计之间的联系

两者之间具有较大的差异，并且有着独立的工作职能，但是两者之间也存在密切的关系，互相联系、不可分割。在功能方面，两者的根本目的都在于提升企业的经济效益；在核算对象方面，二者大体上都是以企业运营过程中产生的收支结算为主要对象进行核算，管理会计着重于在收支的基础上进行管控，财务管理是在收支的基础上计算企业的盈利和亏损；在信息来源方面，二者都需要对企业日常经营管理过程中的初始信息进行处理运算。

二、管理会计和财务会计融合的重要性

财务会计与管理会计的融合有助于促进企业内部长久稳定地发展。企业单纯依靠财务会计分析出的信息无法准确地反馈出真实的运营情况，如果不能利用管理会计来科学地分析公司的财务信息，那么企业在持续发展的路上则会缺少导向标。二者融合，不但可以清晰地反映企业发展方向，而且能够开拓财务会计与管理会计人员的眼界，进而为公司财务工作营造良好的氛围，培养会计人员全面发展的理念，给企业制订出准确的发展方向，进一步提高企业内部管理效率。财务会计与管理会计的融合还可以有效地分析公司产品的具体盈亏情况，经过分析盈利情况，对公司产品市场分布结构、生产工艺流程进行优化，全面推进公司财务可持续发展，提高企业的核心竞争力。

三、管理会计与财务会计融合的基础

（一）树立融合意识，细化基础工作

一是企业管理者要提高对会计融合的重视程度，提升管理会计在企业决策中的作用，使企业管理层面的信息得到有效的利用，从而实现调控目标。二是基础数据的收集工作有待加强，采用科学有效的方法，做好收集基础数据的工作，为两者的融合提供了强有力的支撑。三是会计基础工作有待强化，企业需要优化对财务资料的整合，为二者的融合提供基础。四是信息技术的合理利用，科技水平的提高使信息技术在会计工作的过程中发挥了巨大的作用。借助数据管理系统，利用信息技术对企业信息进行归档整理，使两者得以协调合作。

（二）建立完善的会计制度

企业要根据公司的实际发展情况，建立完善的会计制度。传统的财务管理模式更突出核算职能，这已经不能顺应企业管理升级的需要。企业要逐步转变财务管理的职能，从重核算转变为重管理、重分析、管业务，逐步建立业务内嵌财务的管理制度与流程，利用财务会计与管理会计的融合实现对企业财务的良好管理，服务企业发展战略。

（三）加强会计人才的培养

第一，培养复合型人才。管理会计不仅要具备非常娴熟的业务能力，还需要具有较强的管理能力。

第二，加强与高等院校之间的联系。从市场以及企业的需要来优化会计专业的教学内容，为企业输送更多应用型的人才。

第三，企业内部培训当中。要充分掌握工作人员的知识与技能水平，有针对性地展开培训，增强培训工作的应用效果。

第四，重视对会计人员的专业培训及综合素质。提高会计人员的职业道德素养，避免出现泄漏信息等的现象。

（四）加强信息技术应用

信息技术的快速发展给财务会计与管理会计的融合带来了有利的条件，大大提高了企业财务管理的工作效率，还把财务会计与管理会计的数据与信息共享提升到更高的层次上。企业建立起信息目录来快速处理、分解各种信息，设计出数据库以及管理系统模块，尽快地整合财务会计与管理会计融合的信息系统资源，直接与企业资源规划系统对接，有利于企业各部门及时了解企业的财务状况以及业绩。企业要加强对计算机技术的应用，设置局域网，充分应用网络在线数据以及通信技术，有效地收集传递财务会计与管理会计两者的

原始信息数据，确保数据信息的真实全面性。另外，管理人员还可以根据企业的具体情况设置相关财务信息的权限。

在现在计算机网络迅速发展的背景下，借助计算机信息技术可以使会计的管理职能得到充分的应用，从发展的趋势来看，财务会计与管理会计将会是会计工作之中不可取代的一部分。当然，财务会计与管理会计的融合并不是一蹴而就的，企业应该加强对其融合路径的探究，及时改善其中出现的问题，从而更大限度地为企业的生产经营管理提供服务。

第五节　财务共享服务的管理会计信息化

随着科学技术的不断发展，我们进入了会计云计算的时代，各种信息技术的推动，为财务工作的改革带来了机遇。当前，财务共享服务中心成了企业集中管理财务的最新管理方式，是当前会计信息化技术发展取得的重大成果。本节主要对财务共享与管理会计信息化进行了有效探究，希望能将二者有效地结合起来，从而推动管理会计信息化的建设，为我国会计信息化的建设带来帮助。

当前我们处于一个人工智能时代，大数据、移动互联网和会计云计算这些互联网技术都推动着时代的进步。它们不仅影响着我们的生活，也将为会计产业带来一次革命性的突破。财务共享服务中心的建设是符合时代需求的，也是企业会计信息化建设的必然要求。因为财务共享的应用可以使企业的财务工作变得更加高效，能够为企业带来更多的效益。随着时代的发展和变迁，财务工作逐渐向管理会计转型，将财务共享引入管理会计信息化当中，既可以推动管理会计的发展，也可以推进会计领域数字化信息化的建设。所以，加强会计共享和管理会计信息化的建设是符合企业自身发展要求的。

一、关于财务共享服务的概念

目前的财务共享服务就是指，通过及时、准确地梳理企业的业务流程体系，把企业财务管理中重要的工作全部都集中起来，然后通过相关的应用将其纳入共同服务的板块当中，这种方式的实质是一种关于信息传递模式的流程的改变。

信息化的时代对于工作效率的要求是非常高的，所以企业的内部管理工作也要进行及时的改革和优化。企业一定要对会计管理方面存在的问题进行及时的调整，利用先进的计算机技术，推动现代会计管理的进步，从而实现企业利润的最大化。财务共享服务中心就是企业集中管理模式下运用会计信息化技术，通过这一种模式，可以有效解决公司财务建设中重复工作和效率低下的问题。企业还可以借助财务共享中心使自身企业的财务数据被更有效地利用起来，更好地为公司的财务工作服务，推动公司的健康发展。

二、管理会计信息化的含义

管理会计是传统会计的一个分支，它既与传统会计有着紧密的联系，又与传统会计有着非常明显的区别。管理会计主要是通过对企业历史数据的有效分析，帮助企业在投资经营过程中形成更加明智的决定，从而提高企业的经营效益。

传统的财务会计主要是对已经发生的经济业务进行一个汇总和报告，所以管理会计主要是通过对历史数据的分析和对业绩的有效评价，建立一个可以对企业数据进行评估预测的模型，从而为将来经济事项进行一个预测，为公司的决策提供一个可靠的参考依据。管理会计信息化则是指通过对计算机信息技术的运用，更好地为管理会计进行服务，使管理会计的工作效率更加高效。通过应用大数据互联网等信息技术手段，丰富企业的财务数据。

三、管理会计信息化存在的问题

1. 缺乏专业的管理会计信息化的建设人才

当前，会计信息化的人才严重缺乏，这制约了管理会计信息化的有效发展。虽然我国的信息化技术取得了突飞猛进的进步，但是，我国大多数会计人员还停留在旧的操作水平，缺乏对信息化的实际操作和理论认识。尤其是随着大数据分析、云计算等信息化技术的运用，对于信息化专业技术的要求越来越高，更多的会计人员就达不到会计信息化的使用要求。当前大部分的会计工作人员的知识层面和工作技能都比较单一，难以达到信息化技术人才的要求。

2. 管理会计信息化的基础较为薄弱

由于我国会计信息化建设较晚，而且国内的大多数企业都存在对信息化技术认识不足的情况，这些企业较少地将大量资金投入到先进技术和会计业务的整合中去，他们更喜欢通过一些简便的设备和技术工具实现基础的会计信息化工作，而没有投入更多的软件和工作流程设计。这就使得很多企业的信息化建设流于表面，没有达到预定的效果和目的。

3. 企业内部对控制机构的建设不完善

管理会计信息化的建设工作会改变会计的工作内容和形式。由于一些企业的工作模式和相关的规章制度还没有与时俱进，这就导致企业内部控制机制的缺失，阻碍了企业管理会计信息化的建设和发展。而且，大多数的会计人员习惯了传统的会计工作模式，在完成工作转型时也难免会出现诸多问题，这都会阻碍管理会计工作的发展。

四、管理会计信息化的优化方法

1. 主动利用大数据、云计算等信息化技术

近年来，日益成熟的会计云计算互联网技术为我们带来了诸多的方便，全世界都处于一种技术变革核心性理念诞生的时代，所以企业应该与时俱进，主动利用大数据、云计算为财务共享服务与管理会计信息化的建设打好基础。比如：企业可以在企业内部借助大数据平台，搭建多元化的交流平台和办公平台，实现共享计算能力与人力资源的整合，从而催发企业内部的信息化改革和进步。

2. 积极鼓励企业员工参与到管理会计信息化的建设中来

企业的员工才是企业生产的推动力，所以应该积极鼓励企业的员工参与到管理会计信息化的建设中来。首先，要培养员工们参与管理会计信息化的意识，要定期为他们开设管理会计信息化建设的讲座，要在他们脑海中树立正确的管理会计信息化意识；其次，一定要通过奖励机制鼓励企业的员工参与管理会计信息化的建设，要鼓励员工参与相关的培训，努力提高自己会计信息化的技能；最后，整合企业的所有资源，为管理会计信息化的建设提供更多的便利，从而促进企业管理会计信息化建设的顺利开展。

3. 加强会计信息化安全保护措施

信息化时代对于互联网平台财务共享，一定要提高安全意识，既要确保财务共享平台的高效运转，也要保证共享平台数据操作的安全性。比如：可以加强操作端口的权限管理，对相关的文件进行加密，对相关的软件进行全天候的监督，防止重要数据的泄露；可以建立全员化的网络安全责任制，对于企业内部员工因为个人操作失误引起的数据丢失，要严格追责，强化员工的安全意识。

在信息化时代，加强企业财务管理信息化的建设十分重要。这既需要企业提高自身发展认知，又需要企业为员工树立一个标准，从而有效推动管理会计信息化的建设，实现企业利润最大化的目标。

第六节　中小企业财务会计信息化的发展

财务会计信息化是指利用现代信息技术、计算机技术、网络技术、通信技术等，实行财务核算、分析、控制、决策和监督，从而进一步实现管理的数字化，并最终实现会计信息化。除此之外，财务会计信息化是中小企业会计信息化的重要内容，企业必须具备高效的财务管理运作机制和先进的技术手段，从而不断提高财务水平，加快发展步伐，在激烈的市场竞争中求得发展。

财务会计作为中小企业发展过程中的重要内容，只有提升其信息化水平，才能够具备核心竞争力，使中小企业能够向大型企业的方向迈进。通过信息化手段能够对会计信息等相关资源进行获取、加工、传输与运用，从而为中小企业的发展提供必要的支持。

一、企业财务会计信息化的概述

中小企业财务会计的信息化具有相对稳定性。具体来说，随着国内外经济的发展，我国无论是宏观经济体制还是中小企业的具体经营方式，都发生了一定的变化，这也促使着人们更加注重对问题的探究。在这样的情况下，无论是宏观经济体制还是中小企业经营方式，其具体的变化往往都呈现着渐进的趋势，也就是说，二者只有真正地发展到了一定阶段，才有可能发生本质的变化。而对于人们的认识而言，其在达到一个新的高度以后，也需要有一个达成共识的过程，这样才能够被大众普遍接受。

中小企业财务会计信息化在一定程度上还具有层次性。之所以存在着层次性，主要是因为中小企业财务会计信息化的内容和方法存在着多样性。

二、企业财务会计信息化建设的意义

对于财务会计信息化的建设，其主要作用是通过计算机终端对企业财务活动进行控制，对信息进行收集、传递和审计，能在保存信息的基础上对其进行加工。财务会计信息化能够提高信息处理的效率。

加强中小企业财务会计信息化的建设，能够较好地提高财务会计人员的工作覆盖率，为财务会计人员"减压"。

三、中小企业财务会计信息化建设的发展措施

（一）预备工作的实施

在中小企业财务会计信息化建设发展措施方面，必须要合理地对预备工作进行规划，需要对工作人员进行组织，之后根据财务会计信息化的基本情况，得出成本方案，如果成本出现了超支的情况，那么中小企业的发展就会受到影响，会计信息化建设的实际意义也会被削减。所以，相关人员必须要细致地考虑成本问题，会计信息化建设包含着如硬件软件等的多个步骤，这些费用都应该得到细致的分析。在此基础上，中小企业领导者还需要适当地加强与信息系统咨询公司的联系，对财务会计信息化进行有备无患的建设。

中小企业有必要对现有的领导制度进行完善，主要是因为对于财务会计信息化的建设来说，在初期并不能够迅速地给中小企业带来效益，所以，决策者必须制订对未来发展的相关计划，树立长远发展的意识，这样有利于财务会计信息化项目计划的合理实施，也能

够间接地提升财务会计信息化建设的水平。

工作人员是财务会计信息化建设的主要操作者，一旦出现抵触心理，就会大大影响其效果。所以在预备工作中，企业领导要加强管理意识，积极对财务会计信息化有工作关联的工作人员进行培训，同时，对其工作思路进行转变，促进财务会计信息化的合理建设。

除此之外，相关人士还需要对资源进行整合，从而对运营管理成本进行监督。为了更好地提高中小企业财务会计信息化建设的效果，企业领导必须要加大对财务会计相关资源的整合力度，同时有效地借助第三方服务商的力量，助力中小企业自身的信息化建设。通过这种方式，有效地降低中小企业的发展成本，对不必要的环节进行删减，优化资源整合，促进中小企业更好地实现信息化转型发展。

（二）建立完善的财务会计信息化的监督管理体系

建议我国中小企业加强监督管理，建立完善的财务会计信息化的监督管理体系。从财务管理的角度来说，主要就是对财务会计核算的结果所提供的信息，进行进一步的深入分析和加工；财务管理可以为中小企业经营管理层做好经营决策提供信息，最终实现效益最优化。因此，管理型的财务会计信息化应用，必须要以核算型的财务会计信息为基础，进行更高层次的分析、运用。具体来说，我国中小企业应该针对财务会计核算软件的应用规范建立相关的管理部门，优化企业信息化管理。除此之外，财务会计信息化工作的开展还必须要拥有一批高水平的人才对其进行监督，另外，各种计算机设备、大量的资金也是必须要具备的条件。因此，相关中小企业领导在现实情况中必须要强化思想，深化理论，从而促进中小企业财务会计的信息化发展。

（三）财务会计信息化项目计划的设定及开发

从财务会计信息化项目计划的设定及开发角度来看，其主要的任务落在了技术人员身上。技术人员必须持续地记录相关的企业数据，将数据进行整理归纳和筛选，将其融入信息化平台之中。另外，中小企业技术人员还必须要对中小企业的内部资料进行细致查阅，避免数据录入出现错误。

在对会计信息化系统进行开发的过程中，相关人士需要保证项目的可行性，避免开发过程因不具备可行性而中途截止，造成资源浪费。在此之后，相关人士还需要对目前存在的问题进行解决，每发现一个问题，都相当于使财务会计信息化管理系统更完善了一些，无论哪一个细节，都应该慎重考虑。

在中小企业中，上到领导班子，下到具体的技术人员，都应该对财务会计信息化管理系统的细节进行检查，如果在这一阶段的工作中没有发现问题，那么财务会计信息化就可以融入中小企业中；如果发现问题，就必须要推翻重做。另外，在测试环节，相关人员必须要注意对系统设备进行检测，一旦发现设备存在问题，必须要及时地进行更换和维护。

（四）保证信息安全

在加强财务会计信息化建设的基础上，还必须要加强对财务会计人员的培训，主要方向就是培养他们的财务会计信息化安全意识，提升他们对财务会计信息化系统的掌握能力，同时在观念上也要对其进行改进，从而保证其能够在合理的情况下切实保护好财务会计信息系统的机密。只有这样，财务会计信息化才能够真正地得到建设。

具体地说，为了让中小企业持续地提升财务会计信息化的建设水平，让企业在竞争中走得更远，相关部门必须要完善制度和政策，加大对中小企业信息化建设环境安全的保护，其中，必须要对互联网运营信息的安全程度进行提升。除此之外，中小企业自身也要树立信息安全意识，无论是硬件手段还是软件手段，都可以利用起来，从而保护具体的信息。只有保证信息安全，提高信息建设的安全性，才能持续地提升中小企业的发展水平。

（五）通过信息集成实现资源共享

对于企业财务会计管理工作来说，需要重视信息化系统的信息集成效果。所谓的信息集成，并不是简单的信息共享，而是需要围绕企业的具体运营数据进行管理和改进。这样可以将业务处理范围从财务会计部门拓展到相关业务部门，并且在处理相关业务的过程中，对接会计核算体系，产生有针对性的大数据内容，有效减少财务会计部门的实际核算量；完善当前的监督和核算，进而利用事前规划、事中控制和事后分析的措施来完善相关管理工作，将传统的企业管理系统转变为核算型的管理系统；需要关注企业的物力、人力和资产管理的消耗和占用状态，优化当前的资源配给，同时对接营销、人力资源、产生等，这样可以保障相关信息的及时性和完整性。

第四章 资本市场与财务的融合

第一节 内部资本市场的财务协调效应

内部资本市场的相关研究已成为学术界的热门话题之一。与以往内部资本市场研究多集中于内部资本市场功能的方法不同，文章侧重于通过分析内部资本市场财务协调效应的理论及其功能揭示对企业经营活动的有利影响，希望为以后研究内部资本市场提供一些参考。

社会主义市场经济的发展促进了企业集团的形成，内部资本市场伴随着企业集团的发展壮大也逐步形成。ICM 是内部资本市场的英文缩写，最早是由美国经济学家阿门·阿尔奇安在研究企业集团时提出来的，也是内部资本市场有效论的代表。相较于外部资本市场，内部资本市场具有缓解融资约束、降低融资成本、优化内部资源配置等的优势。

企业集团作为一种复杂的组织结构，其利益相关者之间的关系错综复杂，财务冲突激烈，财务管理权限上的责权利关系模糊。财务协调效应的有效发挥可以优化组织结构，协调各利益相关主体之间的冲突，清楚地划分每个部门成员间的责与权，调动员工的工作积极性，提高工作效率，从而增强企业的价值创造能力，提高企业的整体价值。相较于国外成熟的制度环境，我国作为新兴市场国家，外部资本市场上尚存在诸多问题，因此充分利用内部资本市场的财务协调效应对我国企业集团的发展十分重要。

一、内部资本市场财务协调效应的理论基础

（一）交易成本理论与企业集团的融资活动

1. 交易成本理论

英国经济学家罗纳德·哈里·科斯在其《企业的性质》一文中首次提出了交易成本这一概念，并随着对市场的不完美性和不完全性研究的不断深入而逐步发展，并为更多的人所接受。由于人是有限理性并存在机会主义倾向的，加上市场的不确定性和不足性等原因致使交易成本普遍存在于不完美的市场中，推翻了经典经济学理论中的市场是完美且完全的结论。在契约的签订过程中，交易双方至少要付出三种基本的交易成本，即签约之前为

获得双方的有关信息而产生的所谓的搜寻成本、签约过程中因对合约条款进行商讨而产生的谈判成本以及签约后交易双方为了保证合约条款能保质保量地完成而产生的监督成本。从根本上说，交易成本的产生是由于市场中信息的不完整和信息的不对称，且为获得对自己有用而又无法掌握的信息所必须付出的代价。

2. 企业集团的融资活动

企业的生存与发展离不开对资金的运用，如何筹得经营所需的资金是每个企业所面临的共同难题。企业集团的融资活动根据资金来源主要可以分为内源性融资和外源性融资。根据市场与企业之间的资本配置方式的不同，可以分为外部资本市场与内部资本市场，二者之间存在着相互依存又相互制约的关系。

① 外源性融资。外源性融资就是企业集团从外部资本市场筹集经营所需资金的一种融资方式。企业要融集资金就必然受到资本市场的发展程度、经济环境的发展状况、国家宏观政策等多种因素的制约，使得企业融资的难度增大。另外，由于企业和外部资本市场之间存在着信息不对称和不完全的情况，企业很难充分了解外部资本市场所拥有的对自己有利的信息，企业要付出很高的成本才能筹集到资金，而且由于借贷双方的信息不对称，也会导致外部投资者对企业的优势项目不了解而放弃投资机会，致使企业得不到资金支持而使项目"流产"。总的来讲，外源融资具有交易成本高、约束条件多等缺点。

② 内源性融资。内源性融资就是企业通过内部资本市场将总部从外部融得的资金进行统一安排、合理分配，提高资金的使用效率。由于内部资本市场的存在，企业集团可以通过总部统一对外进行融资，充分利用企业集团的整体优势，从外部资本市场获得更多的资金支持和较低的约束条件，然后利用总部对各分部的了解进行合理有效的资金分配，为企业带来更高的收益。

另外，对外部投资者而言，企业的总部拥有充足的企业信息，了解各投资项目的具体情况，可以使资金得到合理的利用并加强对下属部门的监督控制。企业通过总部进行统一融资的方式可以提高融得资金的概率，降低交易成本，缓解融资约束，弥补外部资本市场的不足，为企业带来更多的收益。

（二）委托代理理论与企业集团的资本营运效率

1. 委托代理理论

根据企业集团内部和外部各利益相关者之间的关系，可以将委托代理理论分为所有者—管理者委托代理理论、大股东—小股东委托代理理论以及双层委托代理理论三种。下面简单阐述每种代理理论的含义：

首先，所有者—管理者委托代理理论。董事会作为企业的所有者委托经理人代为管理企业的资源，在企业的运营过程中，董事会希望管理者从企业的可持续发展和总体利益的角度去执行董事会的决策，对企业的资源进行合理配置。在此代理关系中，总经理与各部门经理之间又可形成代理关系，总经理拥有企业所有资金的调配权，通过对各部门的了解对所拥有的资源进行合理的分配，将资金用到更有利的项目中去，最终实现对企业资源的高效利用并创造更多的收益，从而提高企业的价值。

其次，大股东—小股东委托代理理论。目前我国的企业集团多呈现出股权高度集中的"金字塔"式控股现象，小股东由于拥有的股份较少，所以不具有监督权和投票权，监督成本以及时间和精力的花费致使企业的小股东将自己的投资委托给大股东进行管理。为了达到提高投资者收益、降低管理者经营成本的目的，控股股东要对管理者进行监督。在这类公司中，大股东拥有公司的实际控制权，他们从自身的收益出发，监督和管理企业经营者的管理行为，促使企业的资金得到合理的利用，并得到更高的回报。

最后，双层委托代理理论。目前，对于多元化管理的企业集团，其利益相关者的关系变得越来越复杂，代理关系也呈现多层次化，其中双层代理理论的提出更好地描述了集团的委托代理链条。我国股权高度集中的上市公司存在的双层代理问题包括：控股股东与管理者之间的委托代理问题和中小股东与代理人之间的代理问题。它不仅可以解决传统的委托代理关系中存在的弊端，而且能更好地促进管理者在经营过程中按照全体股东的利益行事，避免大股东侵占小股东利益的行为出现，更好地分配企业的资源，最终实现企业利益的最大化。

2. 企业集团的资本营运效率

企业如何合理、有效地利用所拥有的资本进行经营活动，这是每个企业生存和发展的关键问题；由于资本的稀缺和成本的限制，如何将有限的资本分配到恰当的地方使其发挥更大的作用是每位投资者所关心的重要问题。随着内部资本市场的出现，企业集团可以通过总部统一对外进行融资，充分利用企业集团的整体优势，从外部资本市场获得更多的资金支持和较低的约束条件，然后利用总部对各分部的了解进行合理、有效的资金分配，使有利的项目得到足够的资金支持，为企业带来更高的收益，提高资本的营运效率；而对于较差的项目，则应避免投资过度造成资金的浪费和利益损失。

（三）内部化理论和内部资本市场理论

研究内部资本市场理论必须充分了解内部化理论，知道其作为内部化理论分支的重要性，以此来解释内部资本市场在企业集团中产生和发展的动因，并为企业带来的好处。

1. 内部化理论

内部化理论是在交易费用化理论的基础上发展而来的，交易费用化理论最早由科斯教授提出，他认为企业的外部（即市场价格的运行）指挥着企业内部的生产活动，市场通过一些机制对企业的资源进行协调和配置，在企业和市场相互替代发展的过程中逐渐形成了兼具两者特征的企业集团。企业集团作为企业的集合不仅扩大了企业的边界，同时也扩大了企业的市场控制范围，实现了企业的规模化效应和多元化经营的要求。随后，加拿大经济学家拉格曼在其著作中发展了这一内部化理论，他指出在市场不完全的情况下，企业利用内部市场代替外部市场进行统一的经营管理活动，最终实现利润最大化的目标。内部化理论解释了内部资本市场形成的促进因素及其存在的必要性，内部的金融交易不仅可以节约融资成本，还可以避免外部资本市场不足带来的影响。

2. 内部资本市场理论

随着企业规模化经济和多元化经营战略的发展，内部资本市场理论逐渐成为研究企业资源配置的主要理论之一，美国的一些学者最早对此进行了系统的研究并提出内部资本市场这一概念，他们认为企业集团的内部资本市场在资源配置方面比外部资本市场具有优势，既可避免因信息不对称而导致的投资不足或资源浪费，又可降低交易成本。内部资本市场理论作为一种概念框架，可以从组织经济学领域，通过对企业内部进行深入的研究，更好地提升企业集团的工作效率。

由于我国经济的发展和多元化企业的形成，我国学者也逐渐开始对这一理论进行深入研究，企业内部资本市场被认为是对不健全的外部资本市场的发展和补充，是企业内部资源配置的核心，在企业的经营发展过程中发挥着重要作用。

二、内部资本市场财务协调效应的功能

内部资本市场财务协调效应的功能可以用财务预算功能和资源配置功能来表述，即适当的协调不仅可以通过拥有更多的自由现金流来提高企业的债务承受能力、减少监督和经营成本、优化内部资金的使用效率，还能够通过合理的资源配置来增加企业的收入。

（一）财务预算功能

内部资本市场的存在提高了企业集团的融资水平，节约了融资成本，从而为企业带来大量的可控资本，大大提高了企业的债务承受能力。由于总部对企业资产拥有控制权和支配权，并且相较于外部投资者的信息不对称的缺陷，总部更容易掌握企业内各分部的经营管理情况，减少获得信息需支付的成本和对经营者的监督成本。企业总部可以充分利用所掌握的信息将资金用于有利的投资项目中，提高资金的使用效率，充分体现财务预算的功能；还可以协调、加强集体内部各部门之间的联系，实现业务活动和资源共享，从而减少企业内耗，增强企业的竞争力。财务协调效应不仅可以减少企业的固定成本和利息成本，还可以降低企业的经营风险，形成规模效应。

（二）资源配置功能

财务协调通过协调集团内部各利益相关人之间的矛盾和冲突，提高财务资源的配置效率，达到提高企业收益的目标，最终满足利益相关者的收益要求。在内部资本市场上，企业总部作为资金的提供者，可以根据所掌握的信息对各分部实施更有效的管理，将资金分

配到效益高、发展好的部门，缩减对不利项目的投资，以提高整个企业集团的资金使用效率和经营水平。

通过以上对二者的分析可以看出，财务预算功能和资源配置功能虽然存在着差别，但两者之间相互关联且共同发挥作用，在降低成本的同时增加了企业收入。

三、内部资本市场财务协调效应的作用

目前，多元化经营的企业集团的利益相关者之间的关系变得越来越复杂，财务冲突也日益加剧，在自身利益的驱使下，财务协调的难度逐渐增大。如何发挥好内部资本市场的财务协调效应，关系到企业集团能否持续发展。只有在企业内部资本市场中协调好各利益相关者之间的关系，降低企业的投资风险和财务危机，防止对企业利益的掠夺，才能更好地促进企业的发展，提高企业的竞争力，实现企业价值最大化的目标。具体来说，内部资本市场财务协调效应的作用包括以下几点：

（一）提高资源配置效率

"梅叶斯—梅吉拉夫"模型中的"新融资优序理论"认为，由于信息不对称造成的融资成本的提高，促使企业偏好于内部融资，通过内部资本市场的集中融资行为可以降低融资成本，优化企业的资本结构。在内部资本市场上，总部作为企业资金的所有者从下属各部门搜集到准确真实的信息，将资金优先分配到收益高的项目上，并为项目的运作、资金的增值提供有力的监督和指导，达到优化资源配置、提高资金使用效率的目的。通过内部资本市场财务协调效应，可以合理安排企业的融资活动和资金的分配，即通过内部竞争按投资收益率的标准对资金加以重新分配，大大提高了资源配置效率。

（二）协调利益相关者的冲突

公司的治理需要各利益相关者共同参与，因此企业不仅要重视股东的权益，还要考虑其他利益相关者的利益，实现利益相关者共同财富最大化的目标。目前，多元化经营的企业集团内部各利益相关者之间的关系日益复杂，冲突也在加剧，在追求自身权力和利益的同时，也会加剧企业的财务冲突、加大财务协调难度。内部资本市场财务协调效应的发挥可以很好地协调财务关系人之间的矛盾和冲突，调动集团内员工的积极性，平衡企业各利益相关者的需求，为企业营造一种积极、和谐的人际关系氛围，促使各利益主体的目标与企业的价值最大化目标趋于一致，这样才能保证总部在进行内部资本市场配置资源时的有效性。

（三）提高财务治理水平

作为公司治理的核心内容，财务治理效率的高低直接影响着公司的治理效果。财务治理是以资本结构决定的财权为核心，在强调各利益主体共同治理的基础上，对企业财权在各利益相关者之间进行合理配置并协调财务冲突的一种制度安排。由于内部资本市场存在的信息优势，企业总部可以利用内部资本市场财务协调效应在企业内部建立一个完善的财务治理体系，制衡财务决策权、财务监督权和财务管理人员财权的配置，在财务管理权限上形成合理的责权利益关系，并对财务人员进行有效的监督和激励，减少工作人员的私利行为，避免企业资源的浪费。内部资本市场财务协调效应不仅在制度层面上有效地协调了企业的财务运行，而且由于内部资本市场的建立为企业放松了融资约束，降低了交易成本，增强了企业抗财务风险的能力，加上财务协调效应的有效发挥，促使资金在企业内部灵活周转，提高了企业的总体收益率，同时提升了财务治理和公司治理水平。

（四）增强企业核心竞争力

人才是企业发展的核心力量，企业员工能否积极、主动、努力为企业工作，决定着企业目标的实现程度。内部资本市场财务协调效应的发挥可以为企业营造一种积极、和谐的人际关系氛围，调动集团内员工工作的积极性和合作意识，增强企业的凝聚力。财务协调效应还可以在企业和员工之间建立利益关系，即企业的盈利能力增强，员工的薪酬也会相应地提高，同时员工为了得到更高的收入会更努力工作，也会为企业带来更高的效益。另外，如果企业发展前景好，则能吸引更多优秀人才加入进来，带来新的知识和技能，提高企业的创新能力和可持续发展水平。

与发达国家不同，作为新兴市场国家，我国正处于经济转型阶段，市场的发展状况和完善程度以及企业集团的形成发展均具有自身的独特性，如何将内部资本市场的研究成果结合进来是一个相当复杂的问题，需要广大学者不断深入研究与实践。

第二节 财务报告的作用及其对资本市场的影响

资本市场承担着优化资源配置、提高资本使用效率的历史使命。它的诞生标志着资本的流动超越了地理的限制，资本的筹集也摆脱了数量的制约，为企业的发展提供了空前的外部条件。资本市场的发展离不开信息的支持，而财务报告作为企业对外披露信息的主要载体，其质量的高低直接影响着资本能否得到正确的配置以及资本市场能否健康有序地发展。因此，应不断地改善财务报告的质量以适应资本市场的发展要求。

一、财务报告的质量对资本市场的影响

财务报告是以企业财务信息为主的信息载体，是企业对外传递和披露信息的主要渠道，是投资者了解企业受托责任履行情况以及财务状况和经营成果的主要信息来源，也是投资

者辨别"企业好坏"以及做出适当决策的主要依据，它能促进资本市场有效地发挥其融资功能和资源配置功能。然而，财务报告是一把"双刃剑"，它对资本市场的影响并不总是正面的、积极的，也可能不会对投资者的决策产生作用甚至产生负面影响，进而抑制资本市场发挥其主要功能，阻碍资本市场的健康发展。究其原因，是财务报告对资本市场的影响方向程度决于财务报告的质量。

财务报告包括财务报表和其他财务报告，其中，财务报表主要包含遵循一定会计原则和方法生成的会计信息，而其他财务报告不仅包含财务信息也包含非财务信息。会计信息与其他信息的质量评价的标准是不同的。会计信息的质量可以体现在许多方面，不同国家对会计信息质量的规定也是不尽相同的。例如，美国的财务报告概念框架规定会计信息应具备相关性、可靠性、可理解性、重要性、及时性以及可比性；而我国的基本会计准则要求规定会计信息应具备相关性、可靠性、可理解性、可比性、重要性、谨慎性和及时性。其他财务报告重在披露可能会对投资者决策产生影响，而又没有反映在财务报表体系中的其他信息，其质量应以披露的充分性和相关性来衡量。

财务报告质量对资本市场"融资功能"的影响。虚假、不符合企业真实情况的财务报告可能会导致投资者作出错误的决策，给投资者带来损失，削弱投资者对财务报告的信赖程度；而没有充分披露其他信息的财务报告同样无法向投资者提供与决策关联性更强的信息，投资者也同样很难据此做出正确的投资决策。因此，无论哪种情况，都无法缓解企业与投资者之间的信息不对称问题，都无法避免由此而导致的"道德风险"与"逆向选择"问题，都无法调动广大投资者的投资意愿与积极性，资本市场的融资功能也就无法实现。只有高质量的财务报告，才能缓解这一现象，促使企业在资本市场上以适当的成本筹集到自身发展所需的资金。

财务报告质量对资本市场"资源配置功能"的影响。财务报告作为投资者了解企业的主要工具，其质量的高低直接决定着投资者成为"企业内部人"的可能性，直接影响着投资者的投资决策和投资意愿。随着我国"产业结构优化调整""供应侧改革"等战略不断被提上日程，以及企业社会责任问题越来越被社会公众所关注，投资者的投资意向也随之发生着变化；而高质量的财务报告注定会成为投资者做出符合"国策民意"的投资决策的主要依据。随着投资者投资观念、方向等的转变，企业为了从资本市场上以较低的代价获得足够的资金，也势必会调整自身的投资战略和经营策略，重视履行自身的社会责任。最终把宏观层面的政策、战略等真正落实到微观企业层面，从根本上优化资源配置、调整产业结构以及履行企业社会责任。

二、提高财务报告质量，促进资本市场发展

鉴于高质量的财务报告在促进资本市场、实现实用功能方面的显著作用，无论企业自身还是相关监管机构都应致力于不断改善财务报告质量。

1. 加大对违规披露财务报告信息的处罚力度

上市公司进行违规操作，社会中介机构为上市公司造假，其主要原因是造假获得的收益远远高于为此付出的成本。对此，笔者建议，对造假上市公司不仅仅要追究其经济责任，如没收非法所得、处以高额罚款、实行市场禁入等，情节恶劣的还应追究有关当事人的刑事责任；对参与造假的社会中介机构应予以重罚直至吊销营业执照，并限定相关从业人员在规定的期限内或者永久不得从事相关职业直至追究其刑事责任等。与此同时，还要对因上市公司提供虚假财务报告而给投资人带来的损失进行赔偿，从根本上杜绝违规事件的发生。

2. 加大对非财务信息的披露力度

非财务信息的披露一般包括：第一，企业经营业绩信息，如市场份额、用户满意程度、新产品开发和服务等；第二，企业管理当局的分析评价；第三，前瞻性信息，即企业面临的机会和风险以及管理部门的计划等；第四，有关股东和主要管理人员的信息；第五，背景信息，包括企业经营业务、资产范围与内容、主要竞争对手以及企业发展目标等。非财务信息的披露，有利于会计信息使用者对企业进行综合分析评价及对企业前景的判断。非财务信息披露方式比较灵活，可用文字或数据形式在报表附注、招股说明书、年度财务报告等处加以说明。

3. 充分发挥"信息处理中介"的作用

不同投资者对同一个企业的关注事项可能会有所不同，企业在编制财务报告时不可能考虑到每个投资者的要求。因此，提高财务报告质量不仅要从企业自身出发，还应该充分发挥中介机构的作用。具体来说，投资者可以根据自身的要求向中介机构购买经中介机构加工后的"财务报告"，据此，企业还可以向中介机构提供所有原始信息，以促进中介机构提供更高质量的财务报告。

第三节 财务分析师在我国资本市场中的功能

随着社会经济的发展，作为信息中介的财务分析师已经成为资本市场的重要组成部分。笔者认为，财务分析师在资本市场发挥着两大作用：一是提高股票价格的信息含量，他们通过搜集和分析上市公司的经营和财务数据，在此基础上对公司的业绩前景做出预测，并对其投资价值进行判断，使股票价格包含更多公司层面的信息；二是发挥一种外部治理效应，分析师的存在无形中对公司管理层产生了一种压力，尤其是分析师跟踪行为会一定程度抑制公司管理层的盈余管理行为，提高资本市场的运行效率。

一、财务分析师

财务分析师也就是我们常说的证券分析师，指的是根据其所获得的信息对资本市场的各种因素如证券市场、价值及变动等进行分析预测，并据此出具分析报告的专业人员。分析师主要进行以下工作：

（一）信息收集

信息收集是财务分析师在进行具体分析之前所必须完成的工作。因为资本市场本质上是一个信息市场，资本市场的信息效率很大程度上决定了资源配置的效率。而当今经济社会正在飞速发展，在多重交织的信息渠道的覆盖下，一般投资者由于能力和成本的不足，提取有效信息的能力有限，而分析师则不同，他们可以利用自己的专业知识和平台优势来提取各类有价值的信息。

（二）信息沟通

财务分析师与目标公司的直接沟通，是其获得有价值的信息的有效途径。通过实地调研等方式，财务分析师可以比一般投资者更及时、准确地获得信息，为分析报告的准确性奠定很好的基础；而被调研公司也倾向于通过分析师向广大投资者传递其经营状况优于他人的信息。但财务分析师的沟通频率与深度会受到双方利益的影响。

（三）分析报告

在经过信息收集以及信息沟通的前期准备工作后，分析师会对宏观经济、行业、市场进行分析，但更多的是结合宏观经济、行业、市场等多方面对所研究公司本身的财务状况及经营能力进行分析，其中，发布盈余预测和投资建议是财务分析师的两大工作。分析师所做的盈余预测，一定程度上可以促使股票价格向其内在价值回归；在其所做的盈余预测的基础上，财务分析师会对目标公司的股票提出"买入""减持"等建议。分析师的盈余预测和投资建议等分析报告已经成为广大投资者进行投资决策的重要依据。

二、财务分析师的功能研究

随着我国资本市场的不断发展，财务分析师所提供的研究报告已经成为广大投资者阅读参考的重要信息。笔者认为分析师主要拥有两大功能，一是对财务信息的解读。财务分析师利用其自身的专业背景，通过对信息的搜集以及分析，可以向投资者提供有价值的盈余预测，其提供的投资建议也已经成为资本市场上投资者决策的重要信息来源。二是对特定公司的持续跟随行为，分析师跟随通常是指有多少财务分析师对某家上市公司进行分析、跟踪。财务分析师作为市场的信息中介，其存在本身没有法律约束力，但分析师作为专业人才，其发布的盈余预测及投资建议除了可以帮助投资者进行投资决策，还会对公司管理层形成无形的压力。虽然财务分析师不会对会计信息的生成产生直接影响，但分析师通过对上市公司公布的各种信息进行分析，会发现其中的盈余管理问题甚至会揭露公司的财务丑闻，尤其当分析师对某家公司进行持续跟踪时，会对财务信息生产者造成直接的压力，从而间接影响会计信息的生成。

三、财务分析师在我国资本市场的作用

如今，大量的专业分析师存在于资本市场，并且这一队伍还在不断壮大，是有其合理原因的。笔者认为在资本市场中，财务分析师通过提高股票的信息含量，间接发挥了其外部治理作用。如果用主产品和附加产品来代表这两大功能的话，提高股票价格信息含量的是主产品，而外部治理作用则为其附加的产品。

（一）提高股票价格的信息含量，影响投资者决策

财务分析师作为信息中介，其在资本市场上具有双重角色，即既是财务信息的使用者，又是财务信息的提供者。作为信息使用者，他们也会受限于公司高管提供信息的质量的高低，而作为提供者，财务分析师比一般投资者拥有更好的平台和专业优势，一方面，他们可以利用专业判断，发现财务报告中可能的会计差错；另一方面，分析师对研究报告的调整会影响广大投资者的投资决策，进而会造成股票价格的变动，使得更多的信息被传递到市场中，进而提高股票的信息含量。

（二）外部治理作用

财务分析师对公司具有较强的鉴别能力，在精力有限的情况下，分析师会有选择地关注上市公司。财务分析师对目标公司关注的方面越多，意味着这家公司受关注的程度就越高，也代表着分析师对这家公司进行信息收集、沟通和分析的数量会随之增多，即代表着对这家公司的信息披露即越多，进而会增加财务分析师发现该公司财务状况问题的概率，在一定程度上抑制该公司管理层的盈余管理行为。根据市场压力假说，财务分析师对上市公司的跟踪分析，会在无形中对管理层的行为造成一种压力，会增加其盈余管理的成本。根据信号传递理论，分析师关注较多的企业，会被广大投资者认为其信息质量比较可信，分析师无形中起到了一种担保作用。虽然财务分析师无法直接改变管理层的行为，但其揭露上市公司财务丑闻的比例远远超过证监会及审计师。由此可见，分析师跟踪能够对财务信息生产者造成直接的压力，来帮助公司维持管理层机会主义成本，进而间接发挥一种外部治理的作用。

随着我国资本市场的不断发展，分析师的规模以及专业能力和行业背景也在不断强大，但是大家对分析师在我国资本市场所发挥的作用一直没有特别清楚的认识，也存在一定程

度的质疑。本节从分析师功能的角度来探讨其在资本市场中发挥的作用，即一个作用是提高股票价格的信息含量，另一个作用是发挥了一种外部公司治理的作用。而财务分析师要在我国资本市场健康有序的发挥作用，需要在以下几个方面继续发展与完善：

1. 提高财务分析师的专业素养能力

分析师的专业能力是其存在于资本市场的关键依据，如果没有较高的信息解读能力，其对市场的关注也将难以发挥作用。财务分析师要加大对公司的分析，而不能只注重对市场和行业方面的分析，还要注重价值层面以及长期发展的分析，进而提高财务预测及投资建议的准确度。

2. 投资者切忌盲目听从

财务分析师所做的预测，虽然能够保护投资者利益，却不是万能的，投资者自身也要提高证券知识及投资决策的能力，要结合自身能力，合理进行投资。

3. 有关部门加强对分析师的监管，并进一步完善相关的法律法规

为了促使财务分析在资本市场健康有序地发展，需要对其进行约束与监督。监管部门可以定期公开分析师的信誉状况并制订相应的奖惩措施。

第四节　财务信息披露制度与资本市场

财务信息在资本市场的运行中扮演着极其重要的角色，为了保护在信息方面处于弱势地位的投资者，财务信息披露制度应运而生，该制度的建立同时也为各利益相关者提供了获取信息的机会。本节从财务信息披露制度发挥实际作用需具备的条件出发，分析目前该制度的实施环境现状及存在的问题，在此基础上，有针对性地提出了改善建议。

资本市场是与资本市场有关的利益各方相互博弈的场所，博弈的利益各方需依据相关信息不断地改进决策。由于市场本身充满着不确定性和风险，因此决策所需的信息也是繁杂且不确定的，即便如此，资本市场上各公众公司的财务信息却始终是所有博弈方关注并重视的信息。但从掌握公司信息（包括财务信息）的角度看，作为博弈方之一的投资者，处于明显的弱势，以至形成了信息不对称的现象。为了减少信息不对称所带来的影响，以使投资者作为公司所有者的地位受到充分的尊重和保护，财务信息披露制度应运而生。这一制度最早出现在 20 世纪 30 年代的美国，并一直在美国资本市场的运行中起着举足轻重的作用。该制度的主要内容是，要求公众公司按要求定期发布经过审计的年度报告、未经审计（也可自行委托审计）的半年度报告和季度报告。无论上述哪种报告，财务信息都是其中的核心内容。我国在建立资本市场之初，就借鉴并予以运用了该制度，其在我国的资本市场中同样起到了重要的作用，但与此同时，也有许多影响其作用充分发挥的问题亟待解决。

一、财务信息披露制度建立的意义

投资者需要获取披露信息以进行决策，其中，财务信息是影响投资者决策最重要的信息，而公司所掌握的信息远多于投资者获取的信息，投资者如果利用不充分或虚假的信息进行决策就会损害自身利益。因此，财务信息披露制度的建立，可以减弱信息不对称给投资者带来的不利影响，财务信息披露制度的建立也给公司外部其他的利益相关者提供了获取相关信息的机会。例如，在经营权和所有权分离下，所有者通过披露的信息关注受托资源的经营情况以及经营者是否有胜任能力，关注税务机关关注公司的纳税情况，关注政府机构对公司运营情况进行监管以规范市场秩序等。这使得公司的财务信息成了公共信息，无形中也就给社会中与公司有关的其他利益相关方的决策带来影响。

二、财务信息披露制度发挥实际作用的条件

要实现财务信息披露制度的意义，无疑有一个重要前提—财务信息本身需具有客观性和真实性。然而，仅仅靠财务信息编制者的自我约束来保障财务信息的客观性和真实性是不现实的，在成熟的资本市场机制中，以下条件对保障公司财务信息的客观真实起到了不可或缺的作用：

（一）投资者具有洞察力和判断力

投资者在利用不充分的信息进行决策时，其不确定性很高，风险很大，而且资本市场又有多方面的信息来源，如果投资者具备专业知识和判断能力，就会对信息进行研究分析而不会盲目轻信没有价值的信息，其中包括经过审计确认的财务信息。在资本市场发展成熟的国家，投资者多数为机构投资者，他们拥有丰富的专业知识、充分获取信息的渠道以及良好的决策能力，能够及时、准确地对信息进行分析判断，其投资行为相对理性。编制财务信息本身就是为了满足信息使用者的需要，且信息使用者对财务信息具有鉴别能力，这就促使信息编制者会认真对待信息的披露。总之，如果市场上有一群拥有强大洞察力和判断力的投资者，对财务信息的提供者而言就是一种天然的威慑。

（二）信息编制者具有强烈的道德感和良好的职业能力

公司所披露的信息是由财务人员编制的，因此财务信息的客观真实状况与财务人员自身所具有的素质和能力有着密不可分的关系。财务信息的编制工作专业性很强，编制者对信息进行加工、处理，然后用财务专业用语呈现出来让信息使用者作出有效的决策。在整个编制过程中，财务人员要联系实际，从信息使用者的需求为出发点，因为会计信息呈现过程中大量业务需要财务人员的主观估计，因此财务信息的编制不仅需要按照会计准则规

定的技术方法，还需要财务人员自身的判断。这就要求财务人员具备充分的专业知识和高质量的职业技能。另外，财务人员的高质量工作同样离不开职业道德的约束，财务人员是独立复杂的个体，当其面临外部压力或利益冲突时，取舍选择对财务信息的质量有着巨大的影响。因此，只有在财务人员具有强烈的道德感，并具备良好的职业能力的情况下，其编制的财务信息质量才能得到充分的保障。

（三）监管者有法可依并能切实执行

资本市场要正常运行，财务信息披露要发挥作用，仅靠信息披露者的自律是不够的，还需要有监管者行使维护资本市场秩序的职责，其中包括对公司财务信息公允表达方面的情况进行监管。但在监管者行使职责的过程中，如果没有相应的法律法规作为行使职责的依据，或者有切实可行的法律法规但没有得到有效执行，监管职能就难以得到发挥，或即便行使也难有成效。

（四）行业自律组织有序并活跃

编制财务信息是一项复杂且具体的工作，需要按照会计准则的要求进行编制，而会计准则又随着社会、经济等的发展在不断发生着变化。在此情况下，对作为会计准则使用者的公司财务人员的职业能力的保障就成了一个不容忽视的问题。从西方发达国家较为成熟的职业环境可以看出，会计领域中各类不同的行业自律组织在保障财务人员职业胜任能力方面以及推动会计职业不断发展方面起着关键性的作用。例如，美国的注册会计师协会、英国的特许公认会计师公会、澳大利亚的特许会计师协会等，这些行业自律组织属于非政府性质的机构，成立的主要目的是充分利用协会的资源真正服务于社会公众。由于协会的成员涉及各个领域，他们熟悉自身所处行业并能够结合所掌握的财务知识更好地为信息使用者提供服务，为了保持他们的专业胜任能力，协会要求会员在每个报告期完成由不同领域的专家以客户需求为导向同时根据市场环境编写的继续教育课程，以便为公众提供优质的专业服务。在发达国家资本市场中，此类行业自律组织在保障财务人员职业胜任能力方面发挥着不可或缺的作用，并一直处于活跃状态。

三、我国财务信息披露制度实施的环境现状及影响

（一）投资者缺乏专业性，无形中削弱了对财务信息提供者的天然威慑力

相比国外成熟的资本市场，我国市场上的投资者多为个人投资者，他们大多缺乏专业知识，不易获取及时、充分的信息，加之急功近利的心态，容易进行非理性投资，因此大多数投资者不能很好地判断财务信息的真实性甚至忽略财务信息。这种情况不仅不利于市场的稳定，也使财务信息本身应具有的价值得不到充分的利用，而且也缺少了来自投资者的天然威慑力，财务信息的提供者很容易因为商业利益而成为虚假财务信息的制造者。

（二）财务人员的职业能力提升缓慢，导致其所编制的财务信息存在缺陷

财务信息的编制不仅要求财务人员具备专业知识，还需要具备专业判断能力。目前，我国会计从业者数量庞大，但是高素质的财务人员依然稀缺，导致执业时的理论与实际脱节，储备的知识并不能很好地被运用到实际操作中，缺乏独立的职业判断能力。

（三）监管法规不够严苛且执行不力，致使违法违规成本过低

在由中华人民共和国最高人民法院公布的《关于审理证券市场因虚假陈述引发的民事赔偿案件的若干规定》中，仅规定公司由于违规披露信息给投资者造成损失的要承担民事赔偿责任，除此之外，再无具体解释。查阅我国证监会披露的行政处罚公告，监管机构的处罚措施大多为纪律处分或罚款，相比给投资者造成的损失，公司对违规信息披露所负担的成本非常低。尽管法律法规在不断出台，但违规披露的现象依然层出不穷，并没有起到实质性的作用，监管机构的执行力度不够也是原因之一，对违规披露行为发现不及时、惩处不严苛，以致对公司并没有产生威慑和警告作用。再者，大多数投资者由于通过诉讼维权的意识弱、诉讼成本高、耗费时间长等原因，没有真正利用法律途径维护自身的权益，因此我国目前还未形成健全有效的市场监管体制。

（四）行业自律组织单一且活跃度较低，造成推动行业整体发展动力的缺失

与国外活跃的行业自律组织发挥的作用相比，我国行业自律组织寥寥无几且职能单一，发挥的作用十分有限。我国目前主要的行业自律组织是中国注册会计师协会（以下简称"中注协"）。中注协于1988年设立，是直属于财政部的事业单位，是在会计职业化趋势尚未出现、为配合引进外资的政策推行下成立的。国外行业自律组织主要服务于社会公众，会计准则等规则的制定也是由其配合完成的，对监管市场同样发挥着重要作用。与之相比，我国的行业自律组织更多强调行业自身的发展，后续教育注重知识本身的传授，与社会现实的结合并不紧密，不能充分发挥自律管理的作用，也降低了其自身应有的活跃度。这对于行业的整体发展，尤其是对于专业人才能力的可持续提升极其不利。

四、改善财务信息披露制度的建议

我国财务信息披露制度的建立发展历程较短，还存在多方面的缺陷。为保障资本市场的健康运行，财务信息披露制度的完善刻不容缓。财务信息披露制度要发挥实际作用，就需要投资者、信息披露者、监管机构及行业自律组织"各司其职"。为此，笔者提出如下建议，以使财务信息披露制度能够真正起到保护市场参与各方利益的作用：

个人投资者应认知市场，规避其专业性缺乏对自身产生的不利影响。投资需要专业知识和分析判断能力，个人投资者相较于机构投资者而言，普遍缺乏专业性及决策能力，个

人投资者可以聘请专业的第三方投资机构，使其运用财务信息和专业知识，有效地为自己创造财富。

提高财务人员的职业胜任能力，严格按照会计准则编制财务信息。目前，我国财务人员职业胜任能力的缺失与其所受的教育不无关系。大学的教学应结合实际，研究对会计行业真正有帮助的内容；在教授专业知识的同时，培养学生的职业判断能力，以专注理论知识转向理论与实践紧密结合的方式，培养学生的综合能力。良好的职业胜任能力和职业道德是保证财务信息客观真实的基础，财务人员自身的综合素质会直接影响财务信息的质量。

强化现行法规体系，并及时发现、及时惩处违规披露行为。我国监管机构应强化针对信息披露的法规体系，加大对公司信息披露违规的处罚力度。法规需要被切实执行才能具有有效性，监管机构对违规披露行为要及时发现并采取措施，同时，监管机构也要对执法者的执行情况进行监督、定期检查，提高法律法规的执行力度。另外，在不断完善法规体系的同时，积极向投资者普及相关法律知识；可以借鉴国外法律法规相关规定，如实行集体诉讼制度，降低投资者的维权成本。在利益各方相互博弈的资本市场上，只有在监管机构有法可依、法规不断完善及有效执行的情况下，法规体系才能真正对公司产生威慑力，才能切实保护投资者的利益，促进公司和市场稳定运行。

行业自律组织重视自身建设。由于资本市场瞬息万变，财务信息编制又是一项系统且专业的工程，所以，我国行业自律组织要充分发挥自身的作用，带动财务人员不断提升职业水平以适应环境变化。目前，我国的行业自律组织要想真正发挥其作用，在很多方面还需要改善。一方面，要完善自身的发展，明确协会与政府间的关系，在对会员的培养和后续教育过程中，要结合实际不断提高其执业的综合素质，为社会公众提供更多的专业资源和更专业的服务。另一方面，与政府机构、学术界等其他各方保持良好的沟通，充分发挥自律管理的作用。

第五节　资本市场中的公司财务战略性发展

随着资本市场的逐渐成熟，上市公司面临的市场环境变得更加激烈，要想在市场中立于不败之地，上市公司必须进行转型。转型的重点在于改革公司的财务政策，从全局性角度制订财务战略，着眼于长久利益和整体利益。目前，创造价值和降低成本更受上市公司的青睐，战略性财务管理将逐渐取代传统的功能性财务管理。

一、财务战略的概念和特征

在公司的总体战略统筹下，财务战略是一种战略思维方式与决策活动。资金筹集与运用是核心，财务资源长期均衡有效流转与配置是评价标准，目的是实现价值增值、提升公司长期盈利能力；焦点是通过公司资金的正常有效流转来提高公司的核心竞争力与长期盈利能力。财务战略具有以下特征：

一是长期性。谋求公司持续长远是发展财务战略的着眼点，一旦制订，财务战略将深刻地影响公司在未来一段较长时期内的资本运营活动。财务战略应以公司的长期生存和发展为根本出发点，循序渐进，逐步充实公司资本实力，适应风云变幻的市场环境。

二是全局性。财务战略管理并不是单独存在的个体，要用全局性的观点看待。它以财务职能部门战略管理为核心，以经营战略为主导，以其他部门的协调为支撑。只有与其他战略相配合，财务战略才能渗透到公司整个领域，统筹兼顾，引导公司全面、协调、可持续发展。

三是导向性。财务战略是纲领性文件，它只为公司的资本运作提供大致方向，是引导具体资本运作和财务管理的行动指南。

四是动态性。要以发展的眼光看待公司财务战略，适时地调整财务战略，与公司内外部环境保持协调，随环境的变动而变化。

五是支持性。通常，一家上市公司的经营战略由财务、生产和营销三方面的战略共同支持。

二、公司财务战略的目标和内容

（一）公司财务战略的目标

上市公司财务战略目标与总体经营目标相统一，也就是实现股东财富的最大化。上市公司财务战略目标主要包括：适时、恰当地融资；合理、有效地运作资金；制定完善的财务规划和健全的内部控制制度；科学地调整资本结构；试图通过降低成本的方式来提高公司利润；实施合理的股利分配政策；为股东的合法权益提供保障等。

（二）财务战略的内容

1. 筹资战略

作为上市公司财务战略乃至经营战略的重要构成因素，筹资战略筹集来的资金是上市公司实施经营战略和投资战略不可或缺的基本前提，公司的经营成本、公司的竞争实力都会受到筹资的影响。一般来说，一家公司的筹资战略包括三方面内容：增强筹资的灵活性、提高筹资的可靠性、降低筹资的成本。虽然当前的融资渠道比筹集渠道更多，但无论是通过资本市场直接融资还是通过金融机构间接融资，都无法有效地降低融资成本，这不可避免地提高了上市公司的筹资风险。

2. 投资战略

作为上市公司财务战略的核心，投资战略决定着企业是否能有效合理地配置有限的资金和资源。尽管市场日渐成熟和完善，但投资风险高、投资收益低一直以来都是制约上市公司发展的瓶颈，因此，上市公司应深入研究分析投资战略，针对自身发展状况和潜力，制订一套既能增强公司盈利能力又适合公司发展状况的投资战略。

3. 资本结构优化战略

除了筹资、投资战略外，我们还应该重视资本结构优化战略，它涉及如何合理地安排资金来源和如何科学地调整资本结构的问题。资本结构的重要性在于它决定了成本的高低，是我们衡量一家公司财务风险的有效指标。因此，我们可以说资本结构关乎一家公司的未来发展，如果安排合理，则公司的发展会更加顺利，否则，就会面临巨大的财务风险。

4. 资本收益分配战略

该战略涉及的不仅仅是对资本收益的管理和股利政策的制定，还包括对一些获利信息的披露。

三、公司财务战略发展的趋势

一家公司选择什么样的财务战略，就会有什么样的财务资源配置方式，也会有相应的财务活动。

（一）与经济周期相匹配

许多企业在金融危机中遭受重创，纷纷倒闭，这给企业财务战略的制定带来了警示，公司应"顺风而行"，根据对经济发展趋势的预判灵活地制订财务战略，抵消经济波动对财务活动造成的不利损失。公司应积极关注实时动态，分析一些重大经济政策变化如产业、投资、货币政策等可能给公司财务活动带来的影响，并根据经济发展状况作出积极的回应。比如，当经济正处在复苏期时，我们应该采用积极的、扩张性的财务战略；在经济呈现欣欣向荣景象时，在不同发展阶段适时选择快速扩张型财务战略或稳健型财务战略；而一旦经济逐渐衰退，陷入萧条时，则立即实施防御收缩型财务战略。

（二）与公司不同发展阶段同步

生命周期理论将公司发展阶段分为四阶段，即初创期、扩张期、稳定期和衰退期。基于此理论，公司应根据自身的发展状况制订相应的财务战略。企业在初创期需要大量的启动资金，举债经营压力重，财务风险大，所以在初创期，采用非现金股利政策，实行扩张型财务战略，扩张期现金需求量的增长幅度低，风险仍然较高，可适时采用现金股利政策。一旦进入稳定期，就可采取稳健型财务战略，因这时现金需求量减少，财务风险降低。公司在衰退期会应采用防御收缩型财务战略，执行高现金股利政策，这是因为此时现金的需求量不断下降，财务风险也随之降低。

（三）与经营发展模式相协调

通常，我们根据公司的风险偏好将公司的发展模式划分为三种类型：偏好风险的扩张型、风险中立的稳健型和厌恶风险的收缩型。这些发展模式分别对应扩张型财务战略、稳健型财务战略和收缩型财务战略。有的公司追求资本规模的扩大，在全国乃至全世界开设分支机构，建立自己的精英帝国，那么该公司就会选择扩张性财务战略来完成经营目标。经营目标不同，财务战略就必须进行相应调整，使得二者相互协调，相互促进，创造更高的公司效益。

四、实现公司财务战略性发展的对策

（一）合理整合战略资源，提高核心竞争力

能使整个企业保持长期稳定的市场优势，获取超出市场平均回报的最基本竞争力就是核心竞争力，它由一系列公司的专长和技能构成，稀有资源、独特机制、超前意识、创新精神都可以是核心竞争力。核心竞争力是企业重要战略资源，有利于企业在激烈的市场竞争中可持续发展和壮大。

（二）科学预测风险，提高企业抵御风险能力

企业可持续发展的影响因素是风险，当实际结果偏离计划时就会产生风险。风险和收益存在正比关系，企业面临的风险越大，获得高收益的可能性也就更大，企业如果把握好风险与收益之间的博弈，求得平衡，就能不断生存壮大。因此，一个好的企业，当认准目标时，既要敢于冒风险，又要积极防御风险带来的损失，将风险最小化。企业应重新整合优化业务流程，健全内部控制制度，提升企业的抗风险能力和科学管理现金流的能力。

（三）节流的同时更注重开源

盈利是企业生存不可或缺的条件，企业应统筹兼顾，从长远整体利益出发，坚持科学发展观，切实提高企业长久获利能力，实现企业的全面、持续、协调发展，否则眼前的利益只是昙花一现，企业的生命周期也难以为继。

五、资本市场中的公司财务监管

公司财务监管的关键在于不同监管主体之间能否相互协调，以保证监管机制的有效性。加强资本市场中公司的财务监管，需要坚实的外部法律作后盾，并以完善的公司内控制度为基础。外部财务监管主要是以国家、中介机构以及外部市场为主体的监管体系，更加具有客观性，与内部监管一同在资本市场中对上市公司的财务监管发挥着重要的作用，二者

相辅相成。积极发挥外部监管的作用，不断完善上市公司内部财务监管时，将内部监管和外部监管有效结合，互相补充协调，保证监督的全面性和有效性。

（一）公司外部财务监管

通过对相关法律、法规的宣传，加快财务监管氛围的形成。信息网络化的今天，政府可以充分利用大众传媒的宣传作用，教育公民充分了解财经方针、财务法规，做到学法、知法、守法。各级财政、审计部门、税务等相关部门要在日常工作中宣传财经法规，出台新的财经法规和财务监督管理制度，并及时举办上市公司高级管理人员的法规培训班，这样有助于他们根据最新的财务法规开展工作。

相关部门做好立法和执法工作。财税、审计等相关部门要健全各项财务法规，做到有法可依，规范资本市场；针对市场出现的新问题新变化，立法部门要取其精华，去其糟粕。公司建立全面的预算管理制度，全方位监督控制公司的事前、事中、事后财务活动；各监管部门要各司其职，强化对上市公司的日常财务监督；各部门要统一协调，联合执法，将监管工作落到实处。

（二）公司的内部财务监管

在现代企业制度下，企业投资者委托职业经理人及其团队代为管理公司，自己则对公司的重大财务活动进行监督。投资者对监督的关注度和财务监督的具体执行方式以及经营者的诚实守信程度，决定了企业投资者对企业经营者的监督效果和强度。财务监管制度的完善，不仅需要经济体制的改进，更需要相应的政治体制的改革。为了能有效地解决财务监管过程中存在的问题，按照最新财务监管法律法规的要求，上市公司应该做到如下几点：

一是完善公司管理体制以及监管制度，建立科学、合理的权责关系。董事会受股东委托，代为行使权力，并承担相应的责任，其内部实行集体决策的运作方式。为了保证所作决策的科学性、合理性，以及权力约束的有效性，需要制订明确的责任承担形式、权力行使程序和董事会的法律地位。

二是强化市场竞争机制，建立市场制约制度。在公司经营管理运行不佳的状况下，公司管理层需要综合权衡公司财务风险、经营风险和投资风险三方面，并结合股东意愿，制订能提高公司利润水平的战略，充分提高上市公司的竞争力。

三是强化企业文化建设，发挥内部监管职能。企业文化是企业生存与发展的精神支柱。加强内部企业文化建设与宣传，建设正直守信的企业内部文化，有利于创造诚信的工作氛围。采用非制度因素，创造人文环境，激励企业内部管理层进行自我教育、自我约束，做好相关的监管工作。建设企业文化，从精神上规范对员工的行为，降低违法违规的发生频率。通过硬约束和软约束的互相补充、互相协调，切实加强企业的内部财务监管。

第六节　企业资本运营中的财务管理

现如今，我国综合国力不断提高，在经济体制改革的过程中，市场竞争变得越来越激烈，这对于企业而言，既是机遇也是挑战。企业运营属于我国企业管理财务的重要组成内容，对企业的未来发展具有重要意义。财务人员必须熟悉资本运营中财务管理的专业知识，解决企业运营过程中存在的财务隐患，从而提高企业的经济利益与社会效益。本节围绕企业资本运营中的财务管理问题进行阐述，分析了相关解决对策，希望给企业以借鉴意义。

一、企业资本运营的内涵与作用

企业资本运营作为当前全球讨论的热点内容，属于当代社会中企业改革进程的重点。为了适应社会的发展，企业必须改变传统的运营模式，建立创新概念，使资本运营中的财务管理内容越来越全面，从而提高企业的经济利益，为企业树立良好的社会形象，提高企业的知名度，从而获得良好的社会效益。资本运营涉及资本管理过程中的很多环节，包括组织环节、计划环节、管理环节等；资本运营的目的是增加资本的经济利益，资本运营的效果对产品的经营质量具有重要影响。企业应以资本为主，通过实施相应方案，提高经济利益，其中，最常用的方案为优化配置资源，企业通过对资源进行优化配置，最大程度地减少经济损失，从而良好地进行资本运营。

国外很多发达国家将财务管理视为企业资本运营的主要内容，是企业决策者最为重视的部分。我国很多企业通过借鉴外企的资本运营模式，提高了自身的经济效益，在企业资本运营的过程中，为了提高资金的利用率，财务人员必须减少财务安全隐患，最大程度降低财务引起的经济损失。因此，财务人员必须具备负责任的工作态度，对财务管理内容进行较为严格的监管控制，保障企业生产经营活动的正常进行。

财务管理属于企业的核心内容，直接决定了企业的未来发展，是资本运营中的重要组成部分。在我国经济改革的过程中，企业必须将经营方式进行改革创新，采取适合的资本运营方式，不断促进企业经济利润的提高，减少生产过程中的经费成本。另外，财务管理环节中节省的利润可以用于企业的其他生产活动。值得注意的是，企业在进行资本运营的过程中，必须根据企业的实际情况，采用相应的财务管理对策解决问题。

二、企业资本运营中的财务管理问题

（一）缺乏良好的财务管理制度，管理措施不到位

企业的态度对财务管理工作的质量具有重要影响，在实际工作过程中，某些企业的管

理部门为了加快项目进度，会通过某些方式对会计制度进行修改，包括人为调整、技术处理等，管理部门未能有效落实项目工作，导致财务人员在后期环节中缺乏正确思路，不能正确计算数据信息，使预测表出错，直接影响了决策者的工作。某些企业的企业风气存在问题，很多工作人员忽视企业的相关条例，为了便于对资金运营进行财务管理，出现了很多违反企业纪律的行为，给企业的信誉带来了负面影响，不仅危害了企业的经济利益，而且不利于企业未来的发展。某些企业不能合理配置资源，不能合理分配资金，导致决策者在预算工作中出错，降低了财务管理的质量。

（二）融资渠道质量低

企业在建立创新理念后，对财务管理工作进行改革，能够增加企业的融资渠道。但是由于某些客观因素与主观因素，导致企业不能有效地进行融资，这些因素包括筹资风险、金融市场缺乏稳定性、证券影响等。通常情况下，企业可以向银行进行贷款来解决，但是向银行借款存在很多风险，不利于企业今后资本的运营工作，当银行借款期限到期时，企业一旦不能还清欠款，将会面临很多信誉危机，会给自身的未来发展造成很多负面影响。

三、解决对策

（一）增强对财务管理的重视度，转变管理观念

如今，在计划经济朝着市场经济逐渐转变的同时，现代企业也在随之发生改变。在市场经济的体制背景中，现代企业的运营制度也将随之不断创新，具体表现为商品经营与资本经营相互融合的状态。为了能够更好地迎合这种转变，现代企业必须要进一步提高对财务管理的重视度，加快观念的转变速度。

首先，充分满足资本配置方式的转换需求。在市场经济时期，现代企业如果想要在经营的过程中实现资本流动与资本重组，就必须要在达成市场配置需求的前提下实现对资源的合理化配置，继而保证企业的运营能够更加高效。在这里需要注意的是，由于市场配置是当前市场经济环境中的一项主要手段，并且在应用的过程中有着较高的要求，因此现代企业一定要严格遵循价值规律，积极贯彻优胜劣汰的管理制度，在不影响财务管理质量的同时达到增加企业经济效益的经营目的。

其次，积极转变管理观念，促进体制改革。由于我国现阶段的市场经济进程在不断推进，因此在金融体制与财务税法等方面也进行了更为深入的创新。在此条件下，现代企业与金融机构之间的关系也悄然地发生了改变，致使绝大多数的企业在完成转型升级的同时出现了难以支撑的严重亏损。另外，还有部分企业表现出了不良资产率大幅上升的情况，为了实现转型，拖欠金融机构的借贷利息更是成了家常便饭，从而导致企业的经济利润在不断地下滑。基于此种情况，为了有效改善现代企业的现状，必须要从源头着手调整，促进管理观念的迅速改革。

最后，尽可能地满足现代企业的创新条件。在当前的市场经济环境中，现代企业如果想要实现可持续发展，就离不开创新力量的支持。企业原有的经营理念与运营方式很显然已经无法较好地适应当前的市场经济，为此，现代企业的管理者需要对财务管理工作有正确的认识，结合自身的发展情况不断地调整经营目标，在潜移默化中促进企业经济效益的稳步提升。

（二）提高财务人员综合素质

财务工作人员的综合素质直接决定了财务管理的质量。因此，企业必须选择综合素质较高的财务人员，在日常生活中，必须定期对财务人员进行培训，提高他们的专业理论知识与工作经验，从而提高财务人员的综合能力。另外，领导必须改进对财务人员的管理方法，坚持"以人为本"的原则，充分重视财务人员的价值，及时满足财务人员的需求，使财务人员能够全身心地投入工作中，为企业带来经济利益与社会效益，构建良好的企业形象。

（三）加强原始数据信息的管理

某些企业没有建立良好的财务管理制度，导致工作人员出现违纪行为，给企业带来了负面影响，这些违纪行为包括丢失财务数据表、更改财务数据表等，这些材料对企业的发展方向具有重要意义。因此，企业必须结合实际情况，建立良好的企业财务管理制度，财务人员应对原始数据进行备份，对于重要的原始数据，需要进行保护，如密码锁定，从而保障原始记录的安全性，使财务管理工作能够正常进行。

在社会主义市场条件下，企业面临着越来越严峻的挑战，财务管理作为企业资本运营过程中的主导内容，对企业的未来发展具有重要影响，企业必须结合自身情况，采取相应的解决对策，保障财务管理工作的正常进行，不断提高企业的经济利益，从而促进社会的发展。

第七节　财务管理与资本结构之间的关系

随着市场的改革，企业在管理上进行了调整和改变。但是面对新的竞争环境，企业要维持长远发展就需要对企业管理工作进行改善，优化内部财务管理和资本结构，整理二者之间的关系，通过将企业的财务管理和资本结构进行科学合理的协调，提升企业的整体实力，使企业达成长期有效的发展。

财务管理是企业的重要工作，其效率对企业的发展有较大影响，随着市场经济的发展，企业加强了对内部财务管理的优化，加强了对财务部门的改革，建立了更符合发展方向的管理体系，企业的资本结构和其财务管理工作有着十分密切的关系，分析二者之间的关系，可以帮助企业进行更加合理的改革优化，推动企业健康发展。

企业的财务管理是要通过实现不同的目标，来获取经济效益。企业财务管理的目标是结合市场情况为企业不同的经营发展阶段制订相应的战略和目标，侧重点不同企业财务管理的目标也不同。在制订财务管理目标时，要保证社会价值，企业的价值就是其在市场环境中的价值，即企业可创造的现金流量和未来发展的潜力。努力实现社会价值的最大化，可以维持企业长期发展，企业在参考其现金流量情况下，可以对资金中的风险和时间等价值进行仔细的分析，制订短期的经营与投资的目标。同时，企业进行财务管理时要保证股东的利益，通过企业的健康长期发展为股东创造更多的经济利益。企业股票的价值可以反映股东的利益，其起伏也可以反映企业的经营发展情况。实现企业的财务管理目标，还要保证企业的经营利润，努力实现经营利润的最大化，其获取利益的水平能够体现企业的整体竞争实力，反映出企业发展的现状和问题，可以使管理者采取相应的措施进行及时的改进，为企业未来发展提供保障。在企业实现长期稳定发展的情况下，企业需要满足相关者的利益，充分考虑各类团体的利益，这一财务管理目标，可以促进企业达成对社会、经济效益的统一。

一、财务管理和资本结构的关系

对企业经营发展来讲，实现财务管理目标是优化资本结构的基础。企业的财务管理工作就是要保证企业经营实现社会价值的最大化，充分体现企业的效益目标和追求。分析财务管理和资本结构关系，就要先对企业的资产及资本结构、成本、收益等方面进行协调，推动筹资、经营、投资目标的实现。影响企业资本结构的因素是变化的，企业在财务管理中，要清楚认识资本结构动态性的特点，参考财务管理的目标，理清目标间的关系，选择适宜企业发展的目标，并对企业的负债情况进行预测，分析企业未来效益的变化情况，对资本结构进行及时的调整，控制企业的筹资行为，实现企业的平衡发展。

企业确定合理的资本结构可以推动企业财务管理目标的实现。面对激烈的市场竞争，企业要实现长远发展，就要对内部的资本结构进行优化，提升投资的整体收益，通过分析和解决发展中遇到的问题，提升企业的竞争力。优化和调整资本结构可以实现对企业投资收益和竞争力的提升。企业的管理和社会价值最大化的财务管理目标及资本结构之间有很大的联系，要实现财务管理目标，就要对资本结构进行优化。

二、改善财务管理和资本结构关系的措施

（一）提高财务管理能力

重视财务管理，根据实际经营情况制定财务管理制度，增加对资本结构的了解，准确定位管理目标；加强内部的信息沟通，完善管理制度，建立评价机制，对出现的问题进行及时的修正。企业还要加强对内部的优化和完善，提高盈利的水平；要对财务杠杆带来的

经济效益有正确的认识，制订合理可行的财务计划，提高资金周转速度，增加资金使用的安全性和效率；改善资本结构，强化资本积累工作，提升企业的融资和偿债能力，确保企业实力。

提高财务管理人员的专业水平，对其进行定期的培训，并组织管理人员参加相关知识的讲座，培养管理人员的职业道德和守法意识。严格挑选、聘用财务管理方面的人才，调动财务管理工作人员的积极性，建立奖罚机制，促进管理人员提升自身水平。

做好对资金的管理，对资金的流入和流出进行严格的监督和控制，认真核实出现差额的环节，制订规范的现金收支管理流程，及时了解付款和拖欠款的情况，分析应收账款的风险。

（二）保证负债的合理性

财务杠杆效益和负债利率间的关系是负相关的，企业可以降低负债率来提升杠杆效益，实现企业的财务管理目标。举债融资时，要对各机构、条件和方式进行认真的分析，了解不同融资类型的差异，以有限的资金成本，实现对资本结构的优化。同时，将资本结构中的负债比例控制在合理的范围内，增加企业的经营效益，避免领导者的不合理决策对企业发展产生影响，确保企业的各项经营和决策活动能够正常进行。调整企业的负债比例，可以使企业的资本结构达到最优的水平，实现企业经营价值的最大化。合理的债务融资也可以促进企业各项活动开展的顺利进行，通过适当的方式体现企业的效益目标，便于外部投资机构评价企业的经营状况，了解企业发展的水平，利于企业获得更多的融资。企业要增加对自身债权的约束，完善内部治理结构，建立管理机制，对治理结构进行控制。

（三）建立完善的内部监督机制

企业的内部监督机制可以推进企业财务管理目标的实现，利于企业改善资本结构。企业要在内部树立科学的监督意识，增强法制观念，对企业发展和各方的利益进行监督，加强对监督工作的认识，调动员工参与监督的积极性，提高企业对资源的监督，进而提高企业资源的利用率。建立符合企业自身情况的监督约束机制，明确机构的职能、任务、权限，确保监督工作的顺利开展。企业在改善监督机制时，可以增加事前的控制和事后的确认，并且确保员工在实际的监督工作中，严格遵循规章制度，保证企业内部监督机制的有效执行。

在变化的市场环境中，企业要不断完善内部的管理制度，对财务管理、资本结构的关系进行深入的探究分析，加强对财务的管理，建立有效的财务管理目标，优化资本结构，提高企业的经营利润。通过分析财务管理和资本结构间的关联性，改善企业的内部管理，提高企业的管理水平，保证企业的长期稳定发展。

第五章　资本市场与会计的融合

第一节　资本市场的会计信息粉饰现象

目前，我国上市公司财务信息粉饰现象普遍存在，主要使用编造虚假会计凭证、设置账外账及虚增利润粉饰报表等手段进行。企业粉饰会计信息，利益驱动是动因，粉饰成本低是本质原因，相关监督和监管机制不健全也给企业粉饰会计信息以可乘之机。为有效防治会计信息粉饰行为，应完善审计制度，加大监管力度，严惩资本市场的会计信息舞弊，使粉饰行为付出巨大代价。

会计信息是企业在一定时期内经营活动结果的综合反映，企业遵循一般公认会计准则，运用一套专门的会计核算方法和程序，定期、总括地反映企业财务状况和经营成果。真实性、可靠性和有效性是会计信息公开披露必须坚守的原则，而人为地粉饰会计信息将直接影响信息公开披露的有效性，造成信息使用者因误判而决策失误，给投资者带来经济损失，使企业的公信力遭受质疑，甚至导致企业破产。

一、资本市场会计信息粉饰的现状

近年来，我国上市公司的财务粉饰现象比较普遍，有的上市公司为了达到某种目的，恣意进行会计信息粉饰，掩盖糟糕的经营状况，美化当年经营业绩。为了提高企业会计信息的质量，规范经济秩序，自 1999 年以来，财政部已连续开展了 13 次会计信息质量检查，公布的检查结果显示，有 60% 以上的被查企业会计信息存在不同程度的粉饰行为，虽对相关企业和责任人进行了处罚，但上市公司财务信息粉饰现象仍履禁不止。

在西方发达国家，会计信息粉饰现象也普遍存在，从美国的世界通信公司、安然公司、凯马特、环球电讯、国际商业信贷银行，到意大利帕拉玛特公司、英国的巴林银行等，这些上市公司破产的根本原因都是粉饰会计信息。

二、企业会计信息粉饰的主要手段

（一）编造虚假会计凭证

有些企业采取会计凭证缺失、账实不符、无真实交易、任意进行账务处理和会计反映等方式进行会计信息粉饰。

（二）粉饰报表虚增利润

企业出于业绩考核达标或获取银行贷款等目的，有意粉饰财务报表。有的上市公司为了兑现年初承诺，增强股民信心，提高股票价值，保住上市"帽子"，会粉饰企业财务报表，虚增净利润。

（三）设置账外账

有的企业设置账外账，一套用来针对税务部门检查，一套用来留给上级管理部门，一套留给审计部门，将部分收入进行体外循环。

三、企业会计粉饰的动因

（一）利益驱动

1. 为获取银行贷款

我国金融机构的贷款门槛高，限制性条款多，而会计信息又是金融机构分析企业资信能力和营运能力的依据，为了获取金融机构贷款，企业首选粉饰会计信息，让各项财务指标达标，目的是获取银行贷款。

2. 为上市和保留上市主体资格

一些本不具备上市能力的企业想通过包装成功上市，而有的上市公司上市后业绩增长缓慢，缺乏发展规划，用"圈回"的资金盲目进行扩张或多元化投资，造成新的资金短缺。

（二）粉饰成本低

成本与收益的不对称助长了会计信息粉饰行为。对于企业而言，只要会计粉饰的预期成本低于预期收益，就有博弈的理由。粉饰成本指粉饰带来的直接损失和隐性损失。直接损失主要指罚款、停业整顿和曝光造成的收入下滑或损失等，会有直接或间接的现金流出；隐性损失指失去市场、被吊销执照、品牌受损等，虽没有直接或间接的现金流出，但会造成长期或永久的不利影响。

粉饰收益指企业通过粉饰获取高于同行业的超额利益，这种收益可能体现在现金的流入或利润上涨方面，也可能体现在打败对手、取得市场份额或品牌效应等长期隐性获利方面，或是为了骗取上市、配股、增发新股、增加市值采取一些手段。

（三）监管机制不健全

我国的资本市场是在市场经济制度尚不完善、公司治理结构存在缺陷的背景下建立发展起来的，存在着市场机制缺失、市场结构单一与市场行政化等方面的问题。当企业的财务行为与会计法规制度相违背时，往往片面强调搞活经营，而放松对违纪违规行为的监管。目前，会计监督、审计监督、税务监督等监督标准不统一，各部门在管理上各自为政，在功能上相互交叉，导致各种监督不能有机结合，不能从整体上有效发挥监督作用。

四、有效防治会计信息粉饰的措施

（一）完善监管机制

追求利润是"经济人"的本性，企业能否如实提供财务信息，关键在于约束、监督和管理机制是否有效，政府作为企业会计行为的"守夜人"，必须公正、公开、诚实、守信，平等对待市场主体，严禁地方保护；制定、出台有关政策时必须公开、公正、透明，政策一旦出台，就要严格执行，且保持政策的持续性。为此，政府要加大改革力度，简化企业行政审批流程，制定职能部门的工作效率标准，建立企业对职能部门的评价机制，职能部门的绩效考核要与工作效率、企业评价挂钩。只有这样，才能压缩行政不作为的空间，杜绝差别对待，敦促职能部门高效、清廉、公正地监管企业的会计行为，要让通过粉饰手段掩盖真实经营的企业无以遁形，使资本市场良性、有序地运行。

（二）健全审计制度

注册会计师审计作为独立的第三方，从专业的角度对被审计单位的经营活动发表鉴证意见。健全会计审计制度能够从制度层面发现并降低公司会计粉饰行为。应加强注册会计师在独立审计方面的职能作用。

改革审计收费方式。尝试由税务部门代收代付公司审计费用，收费标准应按企业资产或收入的一定比例预交，多退少补。公司选取会计师事务所以及商谈收费金额和付费方式保持不变，只改变付费方；只有经济独立，才能使注册会计师客观、公正地工作，才能保证审计过程的独立性并保证审计结果具有公信力，才能发现、纠正或公示公司财务舞弊。

建立激励和约束机制。建立会计师事务所和注册会计师的诚信档案，对于审计过程中，严守独立性、严格执行独立审计准则的，提高业务承接级别和收费标准，给予会计师必要的奖励；对违规者，则加大处罚力度，不仅要承担经济责任，还要承担民事责任和刑事责任。

（三）严惩资本市场的会计信息舞弊行为

对会计信息舞弊案件，应加大对相关责任人的严惩力度，不仅要使其承担经济责任，还要依法承担民事赔偿责任。目前，我国相关法律法规对会计信息粉饰行为的经济处罚额度远远低于造假收益，民事赔偿机制缺失，所以有些企业会铤而走险，进行利润操纵。西方国家从 20 世纪 50 年代至今，对公司会计舞弊的民事赔偿数额越来越大，也有国际商业信贷银行因会计舞弊而倒闭的案例，使会计舞弊者们明白，粉饰的成本和风险远超过可能产生的收益，从而望而却步，诚信经营，致力于提升企业价值，吸引广大的投资者，而不是通过粉饰的手段获取短期利益。

总之，要充分认识企业会计信息粉饰的严重性和危害性，从粉饰的成因入手，追根溯源，采取有效的措施，促进我国资本市场稳定、健康、持续地发展。

第二节　我国资本市场的会计信息透明度

公司管理者损害投资者、暗箱操作、会计造假等问题在我国上市公司中并不罕见，因此，保护投资者尤其是中小投资者的利益非常有必要，会计信息透明化是保护投资者的重要前提。现阶段，对投资者的保护是我国会计信息透明化的根本目标。

在资本市场中，如果把不真实的会计信息披露给信息使用者，将误导投资者作出错误的投资决策，使其蒙受经济损失。会计信息透明度就是在这样的背景下出现并发展起来的。

一、会计信息披露的根本目的

会计信息透明度是指财务信息被使用者了解、接受的程度。如何评估会计信息披露的质量以及评估标准是什么，一直是一个焦点问题。用户需求观和投资者保护观是会计信息披露目标的两种类型。

会计信息披露的用户需求。企业披露的会计信息内容以及标准应该能够满足使用者的需要，也就是说，应该把资源配置以及相关计价决策之类的信息提供给使用者，这是用户需求观的看法。使用者对这些信息的满足程度决定着会计信息披露的质量。满足资本市场的需要是会计工作的目的，把相关决策信息披露给使用者是会计工作的目标。用户需求观的典型代表是美国财务会计准则委员会的概念公告。在该公告中，评价会计信息披露质量时的标准是会计信息披露的综合目标。当使用者要做出投资等决策时，会计信息披露能为其提供帮助，这就是会计信息披露的综合目标。企业所披露的会计信息不能有虚假成分，因为只有真实信息才能对使用者有所帮助。

会计信息披露对投资者的保护。保护投资者是投资者保护观的目标，这种观点认为，企业应该最大限度地把信息以公开透明的方式提供给投资者。投资者保护观的倡导者强调，保护投资者的利益是其出发点和归宿，披露时要遵循诚信、透明、公平及全面的原则。对投资者所披露的信息是否公平且全面，是评价会计信息披露质量的标准。

随着资本市场盈余管理行为的不断发展和逐渐盛行，出现了投资者保护观。从20世纪末开始，公司盈余管理的行为受到重视的程度逐渐加深。在美国证券市场监管者的眼中，会计信息披露在盈余管理行为的影响下已经演变成一种"数字游戏"，财务信息的真实度急剧下降，严重阻碍了资本市场的正常秩序。在此背景下，投资者保护观应运而生。投资者保护观能够削减企业内部管理者的盈余管理行为，减小投资者与经营者所掌握的信息含量的差距。因此，投资者保护观所关注的重点是公司如何经营以及与之相关的问题，尤其强调要保障投资者的利益不受到伤害。

二、市场效率与投资者保护

会计信息系统不断发展的原因主要有两方面：一是所面临的资本市场的变化；二是信息使用者的信息需求变化。任何一个系统总是在解决某种问题或是满足人们的某种需要下产生并发展的，会计信息系统也不例外。因此，满足会计信息使用者的需要是会计信息系统的发展方向和目标。用户需求观有一定的合理之处，但是一定要建立在理清会计信息不对称、决策有用性、投资者保护、资本市场效率之间的关系的基础之上。

提高资本市场效率的基础是保护投资者的利益。各种资源只有在资本市场中才能达到有效配置，投资者的各种投资行为将资源配置转化为现实。尽管资本市场中的参与者很多，但起支柱作用的参与者却只有一个，即市场投资者。证券委员会国际组织规定：保护投资者的利益，维护资本市场的有序，为资本市场的公平、透明提供保障以及降低会计信息系统风险是证券监管的目标。证券监管的关键是保护投资者。

出现投资者保护问题的原因在于会计信息不透明。从根本上说，保护投资者指的是确保投资者拥有信息知情权。出现投资者保护问题的根本因素是投资者所掌握的信息的质量低于公司掌握的，呈现会计信息不对称状态。投资者所掌握的信息质量低，就越可能误判被投资公司的经营状况、公司前景等，这样就可能会作出错误的投资决策，最终遭受重大的经济损失。保护投资者一是要解决投资者掌握信息质量低的问题，二是要解决由于会计信息质量所导致的一系列不良后果。保护投资者的利益是建立健全资本市场的前提条件，因此，一定要确保投资人掌握公司真实、完整且高度透明的财务信息，以减少不必要的损失。

三、投资者保护视野下的会计信息透明度目标的实现

会计信息披露质量的好坏影响着对投资者的保护程度。会计对投资者的保护主要体现在定价和治理两个方面。会计信息定价的保护作用指的是提前解决由于投资者所掌握的信

息质量低引发的问题，把真实有效的信息提供给投资者，使其对公司进行正确的资产定价和投资决策，把错误定价和错误投资带给投资者的损失扼杀在摇篮中。会计信息治理作用指的是事后解决会计信息质量低所引发的问题，监控管理公司职员，约束公司职员的机会主义行为，使投资者获得预期回报。

会计信息的披露程度，即投资者获取信息的质量，决定着会计信息两大作用的实现程度。投资者获取的会计信息是其进行投资决策的根本，所以，投资者只有掌握了一定数量的真实、准确、公平的信息，才能做出理性投资决策；公司只有充分公开真实、完整的会计信息，投资者才能作出正确的投资决策，从而有利于资本市场的良好运行。

投资者是会计信息的主要使用者。投资者、债权人、经理人、政府、职工等利益相关者共同缔结成一组合约，也就是企业。国际会计准则委员会规定了会计信息使用者的范围，使用者除了包括投资者之外，还包括职、贷款人、供应商以及其他相关人员等。在企业合约中，无论是投资者、债权人、政府部门、职工，还是其他一些利益关联者均为会计信息的使用者。不同的会计信息使用者对会计信息的需求也是不一样的，所以，公司披露的会计信息不可能满足所有需求者的要求。公司主要面向资本市场，披露会计信息时首先要考虑满足投资者的要求，在众多的会计信息使用者中，最主要的使用者是投资者。目前，会计信息披露时所遵循的原则是找准重点，从投资者立场出发，先处理最严重的问题。在我国，政府相关部门属于权力机关，所以它们可以通过自己手中的权力取得需要的会计信息。而且，我国政府承担着宏观调控的作用，它们不需要太准确的数据。比如，税务部门需要的会计信息与其他需求者的要求存在较为明显的差别，所以应付税收的会计信息根本不符合其他使用者的需求。基于上述原因，会计信息披露应侧重于满足投资者的要求。

用户需求应服务于保护投资者这一根本目标。如前文所述，投资者掌握的会计信息如果不真实、质量低，可能引发资本市场中的一系列不良后果，导致投资者利益受到损害。为了使资本市场有序进行，必须要保护投资者的利益。保护投资者利益时面临的首要问题是解决会计信息不对称问题，也就是通过会计信息披露提高投资者所掌握的信息质量，它能有效解决会计信息不对称问题，使投资者的利益不受损害，维护资本市场的良好秩序。

用户需求观主要关注所生成的会计信息的质量，也就是所生成的会计信息是否可靠，是否有利于生成正确决策。如果公司的投资者没有掌握高质量的会计信息，信息缺乏真实性和公平性，就会误导投资者作出不正确的判断，造成决策失误，损害投资者的利益；如果公司投资者掌握的会计信息不能很好地反映当前公司的经营、财产状况，就会使投资者对企业将来的利益和损失作出错误的预测。因此，投资者掌握的会计信息质量决定着投资者是否能作出正确的投资决策，保护自身利益，同时也决定着资本市场中的各项资源能否得到合理配置。

尽管会计信息质量影响投资者能否作出正确的决策，但并不是说只要有了真实可靠的会计信息，就能杜绝会计信息不对称现象的发生、解决资本市场中所有的信息问题和代理问题。公司披露会计信息的形式也能够影响投资者的决策。因此，用户需求观所重视的决策有用性指的是在一定程度上降低会计信息不对称现象，会计信息披露的用户需求观为投资者服务。

投资者保护是我国会计信息透明度的根本目标。第一，用户需求观所强调的"有用性"及"相关性"都是带有主观性质的，而且具有不确切性。会计信息使用者因为身份和所持立场的不同，对有用性及相关性也有不同的理解与需求。事实上，因为"决策有用"体现在会计信息内容上，对其理解可能大相径庭，从根本来说，它没有丝毫的作用。这是使用者做的一种主观判断，不属于会计信息的性质。

第二，"决策有用性"的使用环境是市场半强式有效。在半强式有效市场中，投资者必须能够辨别真实有效的信息，至于信息的来源、披露的形式，是不需要理会的。

第三节　从会计估计看资本市场会计信息质量

中国资本市场的会计信息质量问题不容乐观，市场所承受的会计信息风险比较大。本节在简单分析了一些会计原则与会计估计难以避免的主观性特质的基础上，罗列了上市公司在会计估计过程中滥用会计原则粉饰报表导致会计数据失真的手段和方式，分析了会计原则被滥用的原因，提出了一些相关的防范和治理措施。

一、研究意义

在上市公司所披露的信息中，会计信息占据了核心的位置。会计信息是指特定实体的会计人员运用特定的会计方法所提供的有关该实体的财务状况、经营成果和现金流量的以财务信息为主的经济信息。在资本市场环境下，上市公司公开披露的会计信息是投资者进行决策的重要依据，出于对自身利益的关注，投资者存在着对高质量会计信息的需求。会计信息质量是指向使用者提供的会计信息所具备的有用性，如相关性、可靠性、可比性等。

有效鉴别会计信息质量具有重大的理论和实践意义。如果市场缺乏对会计信息质量的有效鉴别，就会损害投资者的利益，上市公司内部人就可能通过会计手段创造和攫取丰厚利益，资本市场优胜劣汰的功能自然无法实现。失真的会计数据也会降低资本市场研究的有效性。

20世纪末至21世纪初，关于会计信息质量的话题一度成为焦点，全世界的会计学者和会计工作者都在讨论会计信息质量问题的成因和对策，政府部门也给予了高度重视。目前，讨论仍然在继续，政府也仍然比较重视对会计信息质量检查和措施的完善。从信息使用者的角度看，有效地鉴别会计信息质量也是至关重要的，会计信息质量在一定程度上是可以鉴别的。学者们在这方面已经做了许多工作。在已经取得的工作成果的基础上深化和拓展会计信息质量研究，无疑是有意义和价值的。

二、上市公司制造虚假会计信息的主要方式

会计原则又称"会计准则"。它是建立在会计目标、会计假设及会计概念等会计基础理论之上的具体确认和计量会计事项所应当依据的概念和规则。会计原则对于选择会计程序和方法具有重要的指导作用。而财务会计的一般原则是指对财务会计核算的基本要求作出规定，是对财务会计核算基本规律的高度概括和总结。

谨慎性原则的执行依托于会计估计，但只要有会计估计，就肯定有分歧和不同的理解。各种无法避免的主观因素使得会计估计始终带有一定的主观性。因此，在运用该原则时，难免带有主观随意的色彩，加之企业外部人员对减值准备等相关信息的再确认缺乏权威性，致使该原则在实务操作中带有极大的主观性，在执行过程中易被滥用，甚至可能成为某些企业管理盈余的工具，使得企业的财务状况和经营成果得不到准确揭示，使会计信息的可靠性受到影响。

（一）随意冲回或不当回拨

按照有关规定，上市公司如果连续三年亏损，就要被摘牌、退市。亏损上市公司要想保牌或"摘帽"，就一定要避免出现"连续两年"或"连续三年"亏损。此类公司的主营业务普遍不景气，很难在短期内依赖主营业务扭亏为盈，只能在扭亏年度通过会计估计变更将以前巨额计提的减值准备在当期巨额冲回，以调控当年业绩，刻意制造"报表利润"，造成当年"扭亏为盈"的虚假表象以逃避市场的监管。

（二）该提未提或计提不足

按照有关规定，上市公司应当定期或者至少于每年年度终了，全面检查各项资产，对可能发生的各项资产损失计提资产减值准备，其本意是促使上市公司遵循谨慎性原则，纠正过去或有损失计提不足导致的"利润泡沫"，夯实期末资产的真实价值和盈利能力。降低财务风险对"微利"，特别是"避亏"类上市公司是至关重要的，该类公司濒临亏损的边缘，财务状况持续恶化，期间费用大幅增加，若再据实计提资产减值准备，肯定会造成当期的全面亏损。只有该提的减值准备不提或少提，才能避免当期的净亏损而逃过"生死劫"，目前，少计提减值准备已然成为上市公司粉饰年报表业绩的一个重要手段。

（三）加速计提或设置"秘密准备"

一些绩优上市公司往往趁着当前生产经营态势较佳、利润大幅增长的时机，大额加速计提各项资产减值准备，这样既能集中清算、释放一些历史问题导致的各种潜在风险，又能为以后的会计工作留下足够的"业绩储备"。另外，一些公司的会计估计操纵是在同一会计年度的不同时期进行的，更加隐秘，投资者更加不易察觉。

三、防范措施和几点建议

（一）加强审计监督，强化内在约束机制

由于谨慎性原则在实际操作过程中不可避免地带有倾向性和主观随意性，因此，为了避免企业把谨慎性原则当作成本、费用、收益的调节器，必须加强审计监督，防止滥用和曲解谨慎性原则，避免人为地加剧与其他会计原则的冲突。同时，强化企业内部约束机制，提高会计人员的职业道德意识，优化会计行为，使谨慎性原则得到合理的运用。

（二）加强信息披露，提高会计信息的透明度

谨慎性原则的运用是对会计领域中存在的不确定性事项进行的一种判断。不同的判断会形成不同的会计处理方法，当然也会导致不同的财务状况和经营成果，其结果最终会影响到信息使用者特别是外部信息使用者的决策。因此，凡是与谨慎性原则运用有关的、会影响投资人和债权人等信息使用者对目前和未来理性判断的信息，都应在财务报告中进行全面陈述，包括谨慎性原则的若干具体会计处理方法应用的背景、产生的影响等，这样就能遏止上市公司利用会计信息披露的不充分而导致的滥用会计估计现象。

（三）加强培训教育，提高会计人员的业务素质和职业判断能力

会计估计在实务操作中带有极大的主观臆断性，受会计人员的业务素质、职业判断能力高低的影响较大，可能导致会计信息的不可验证性，如可变现净值，是指企业在正常经营过程中，以估计售价减去估计完工成本及销售所必需的估计费用后的价值。在这三个估计中，如果有任何一个估计脱离实际较为严重，可变现净值就难以计算正确，故应加强会计人员的后续教育，不断提高会计人员的业务素质及职业判断能力，尤其要提高会计人员正确理解和适度运用谨慎性原则的能力。对谨慎性原则理解的误区，常常使会计估计失去其基本的立场。"既不抬高资产或收益，也不压低负债或费用"，并不意味着"低估资产或收益，高估负债或费用"，会计人员除了要进一步加强对理论的研究和学习外，还要在自己的心里放一把"尺子"。所谓的"不抬高""不压低"，就是要求会计人员要适度地使用谨慎性原则，否则不仅会造成会计信息的不真实，而且会误导报表使用者的决策，扰乱市场甚至影响整个社会的经济秩序。

（四）完善相关会计制度，进行必要的制度约束

现有的会计准则和会计制度虽然规定了计提资产减值准备，但在这方面所提供的指南不够详细，致使上市公司在计提资产减值准备方面存在过多的随意性，直接影响了会计信息的真实性和可靠性。例如，新会计准则进一步明确了资产减值准备的计提时间，给出了资产减值迹象的判断方法，并且要求企业对外报送季报、半年报时均应该按照准则判断是

否存在减值的迹象，以便确定是否计提减值损失，这样可以有效遏制上市公司季报、半年报不计提而在年底一次计提减值损失的现象，有利于投资者根据季报、半年报判断上市公司的经营情况。

总的来说，新会计准则完整地给出了资产减值损失的计提时间与计量方法，具有较好的操作性，大大遏制了上市公司利用减值损失调节利润的行为，将对上市公司的经营业绩产生积极的影响。进行这种制度约束将减少上市公司滥用会计估计的空间，防止上市公司滥用会计估计。

第四节　会计信息质量与资本市场发展

随着市场经济的不断发展，会计信息质量与资本市场发展之间的相互作用越来越明显。本节在对会计信息质量和资本市场进行概念界定后，分析了二者之间的相互关系，指出了资本市场中会计信息质量存在的问题，并提出了提升会计信息质量的方法。

资本市场不仅是筹集资金的重要场所，也是资源实现优化配置的合理场所，对经济发展具有重要的推动作用。会计信息质量对资本市场的发展具有重要影响，高质量的会计信息能够帮助投资者获得准确的信息，并将资金引入优质企业，相反地，低质量的会计信息则会使投资者的判断产生误差，从而不利于资金的合理流动。同时，资本市场的发展也会促进会计信息质量的提升，推动会计信息披露程度的提高，从而为投资者提供及时准确的信息。本节的研究在丰富会计信息与资本市场相关理论的同时，也具有现实意义。

一、概念界定

会计信息主要是反映企业财务状况的信息，不仅包含企业的资金变动和经营成果，也包含会计核算的过程和结果。高质量的会计信息主要是指完整、准确和真实的信息。随着市场经济程度的不断加深，我国相关部门和企业对会计信息质量的要求也越来越高。

二、会计信息质量与资本市场的相互关系

（一）会计信息质量对资本市场的影响

总体来看，会计信息质量对资本市场的各个方面都存在重要影响。第一，对投资方向的影响。真实有效的会计信息能够引导投资者作出正确的投资决策，从而将相关资金投入优质企业；如果会计信息质量不高，则会对投资者的投资决策产生不利影响，投资者的投资方向可能会产生偏差。第二，对资源配置的影响。高质量的会计信息能够帮助投资者正确识别企业价值，并对企业的发展前景作出评估，优质企业则会获得更多的资本，而业绩

较差的企业则可能会退出市场。这样，就对市场资源进行了重新分配，实现了资源的优化配置。第三，为资本市场的稳定运行提供保障。会计信息质量的不断提升能够创造良好的投资环境，引导资金的合理流向。同时，高质量的会计信息还有利于维护市场的稳定，从而保证资本市场的稳定运行。

（二）资本市场对会计信息质量的影响

长期来看，资本市场对会计信息质量也具有重要影响。第一，对会计信息质量提出了更高的要求。随着资本市场的深入发展，市场对会计信息质量的要求也越来越高，之前的会计信息质量已经不能满足现实发展的需求。从这一层面上来看，会计信息质量面临着新的挑战。第二，提高了会计信息的实用价值。随着资本市场的不断发展，会计信息在多个领域的实用性不断提高，自身的使用价值也得以提升。第三，推动了会计信息的发展。从历史发展的经验来看，资本市场越发达，会计信息的重要性就越高，会计的发展速度也就越快。可以说，资本市场的发展也有利于会计信息的发展。

三、资本市场中会计信息质量存在的问题

（一）真实性存在问题

对于资本市场来说，虚假的会计信息普遍存在，如对上市公司的业绩情况、财务信息等的造假。虚假的会计信息不仅会对投资者造成误导，而且不利于市场资源的优化配置，也不利于企业的可持续发展。一旦虚假的会计信息充斥资本市场，则会造成大众恐慌等不良后果，也不利于资本市场的发展，因此，应当充分保证会计信息的真实性。

（二）完整性存在问题

会计信息的完整性问题主要是指会计信息披露的不充分。例如，上市公司出于对自身利益的考虑，会避重就轻地对会计信息进行披露，在此过程中存在信息披露不充分、粉饰财务报表等问题，从而使投资者无法获得完整的企业信息。会计信息披露的不够充分，会使社会大众无法了解企业真实的财务状况，投资者在进行投资决策时可能被误导，从而影响资金的合理流向。

（三）准确性存在问题

一方面，投资者获得企业会计信息的及时性不能得到保证。部分企业对会计信息的披露不够及时，并且信息披露的渠道也比较少，这样投资者就很难及时获得企业的会计信息，对投资决策产生不利影响。另一方面，企业会计信息缺乏规范性，从而影响准确性。企业会计信息不规范，缺乏可比性，投资者很难做出准确判断。同时，会计人员的专业水平也会影响会计信息的规范性，最终造成会计信息的不准确。

四、提升会计信息质量的措施

（一）保证会计信息的真实性，提升资本市场的有效性

首先，企业应当重视会计信息的真实性。企业对真实的会计信息进行披露，才能吸引更多的投资者，并能够筹集更多资金。其次，应当加强对会计信息披露的监管。相关部门应当加强监管，避免虚假会计信息充斥资本市场。最后，加大对虚假会计信息披露方的处罚力度，防范虚假会计信息的传播。

（二）保证会计信息的完整性，为投资者提供参考

会计信息的完整性是保证投资者作出正确决策的前提条件之一。我国在会计相关法律法规中应当明确企业会计信息披露的具体内容，保证会计信息的完整，避免企业粉饰财务报表等。同时，企业自身也应当加强对会计信息披露的关注程度。在年报中，企业应根据相关规定对会计信息进行全面的披露，为投资者提供合理的参考。

（三）保证会计信息的准确性，规范会计人员行为

一方面，保证投资者获得会计信息的及时性。及时性是投资者进行作出科学投资决策的重要条件，因此企业应当通过多个渠道、及时对会计信息进行披露。另一方面，充分保证会计信息的规范性。会计信息的规范性提高了，会计信息的准确性才能得到保证。同时，还应不断规范会计人员的行为，这样才能保证会计信息的准确性。

第五节 资本市场中的会计舞弊行为及审计方法

在资本市场运行中将企业作为审计主体，以会计报告作为对象，剖析资本市场中会计舞弊行为，以审计方法为主线分析舞弊行为，在识别成因后采取有效措施进行防范。

会计舞弊行为以其严重的社会公害形态普遍存在于资本市场中，而不断深入与发展的经济体制改革也为舞弊行为提供了生存空间。与西方发达国家相比，我国资本市场起步较晚，未能形成较为成熟的体系，但中国资本市场的定位与中国国情有着密切关联，而这也使得我国会计舞弊与其他资本市场存在较大差异。

一、资本市场中的会计舞弊常见行为

（一）关联交易与资产重组中发生的舞弊行为

协议定价作为我国企业交易时遵循的原则，以企业需求为主决定资产转移价格，关联

方自由转移利润率的形式为主。部分企业还以自我交易等方式构建复杂的企业链展开会计舞弊，而错综复杂的链上交易虚增企业收入，不恰当的资金运作方式会虚减现有费用债务及资产。但依据法律条例规定，其属于同一控制条件下所产生的交易，即便是虚假交易也属于关联方交易的种类之一。

（二）不恰当的会计政策舞弊行为

在会计实务中，多种会计方法的选择应用也同样以交易与事项为切入点，而我国在相关制度中仍存在漏洞，未能完善企业会计准则，而这也给资本市场运行企业提供了舞弊空间。部分企业为操纵利润虚增经营业绩，选择利用会计政策所给予的导向获取不当得利。

（三）现金舞弊行为

现金舞弊行为作为资本市场中极为常见的会计舞弊行为之一，多以抵押、隐匿资金等现金事项交易为主。货币资金是维持上市公司正常生产经营的重要支撑，上市公司在运营过程中，现金在非货币资金形态和货币资金形态之间来回转换状态，并实现企业经营周转，确保企业的生产经营和运作。我国绝大多数破产的上市公司都主要是在生产经营过程中的货币资金供给方面出现问题，导致上市公司资金链断裂，无法正常生产经营，进而造成企业亏损甚至破产倒闭。当前上市公司现金舞弊形式的不同，现金舞弊问题绝大多数表现为：高现金余额舞弊、现金流水舞弊、募集资金舞弊以及外账外现金舞弊等。

现金舞弊在具体生产经营过程中主要表现为以下特点：第一，上市公司中现金舞弊较普通的企业更具有多元化且随意性较强的特点。上市公司更易利用监督管理体系建设漏洞，借题发挥、弄虚作假，进而达到公司不正当目的。当前，我国外部监督力度的不足，上市公司现金舞弊极易造成经营连锁反映，更甚者可能影响整个证券市场发展。第二，上市公司现金舞弊较普通企业现金舞弊的影响和危害更强，由于其隐蔽性较强，追踪较为复杂，且主要针对上市公司的现金使用情况，并利用现金实现经济利益的流入。审查现金舞弊要查出其源头，从根本来判断上市公司经营和现金使用存在的问题和不足。

二、资本市场中的会计舞弊行为识别

（一）财务报表的勾稽关系

遵循会计事项一般规律，思考企业收入及费用与所有者权益。会计舞弊行为识别作为识别会计舞弊行为的基本方法，能够在短时间内对其进行识别与查询。

（二）掌握企业财务状况

了解企业总资产中的存货比例是否高于往年，或流动资产是否明显高于行业内平均水平。比较总资产中应收账款与其他款项及预付款项是否存在较大差距，查看是否存在潜在的亏损因素；是否在日常经营发展过程中存在大量资金占用的情况。在审计工作中，依据流动比率、资产负债率等对企业偿债能力进行分析，查看其到期债务本息偿付比及速动比率等指标能否满足所提交的财务报告，进而查看现有财务管理的灵活度能否应对可能面临的财务风险。另外，在指标的设置及选择上，审计工作者应当以财务资产及管理效率为主要内容，查看其应收账款率与营业周期能力性指标。

（三）对比财务指标水平

经验、历史指标与行业标准作为企业财务指标水平对比时的主要参考依据及要求，以经验积累为内容设置经验指标，是审计工作中首要标准之一，历史指标即在审计工作中以阶段性经营业绩为标准所设置的标准，通过两相比较查看其实际波动情况是否涉及重大内容。行业发展情况是决定行业标准的首要因素，而且其能够在一定程度上对行业内部企业财务状况及其经营能力进行全面反映，在了解行业标准数据后，结合相关研究刊物及所整合的统计报告等内容，对比以上标准，为分析会计舞弊行为及其潜在的风险提供重要参考依据，提升审计决定的正确性与合理性。

三、资本市场中的会计舞弊行为成因

（一）会计舞弊行为产生的根本原因在于产权模糊且责任虚置

在经济制度中，产权制度是其核心内容，降低交易成本、优化现有资源配置效率作为产权制度的有效价值能够制约正常交易条件下的机会主义行为。而在明晰的产权条件下，经济交易人可以得到理想的利益回报，但与此同时，也应当承担或支付相应的成本，遵循"不损害他人利益"的基本原则，比较收益及成本后作出相应选择。产权制度应当秉承公平、合理与有效的原则。但现阶段，我国企业产权制度模糊不清，现有结构体系也不够明晰。

（二）缺乏完善的治理结构

通常来讲，治理结构缺乏完善性，会导致领导的"一言堂"现象，致使领导凌驾于控制管理之上。而制衡机制的形成与应用应当以现代企业制度为前提，划分监事会、董事会与股东大会，从而保障投资人的利益不受外界因素及行为的侵害。最高权力拥有者非股东大会莫属，其在整体内部机构中能够决定董事会与监事会的人选，而在重大项目与相关投资决策中也有着决定权。

制约管理人员与负责整体经营决策施行工作以董事会为主，其实际目的是对股东大会负责，在日常经营管理中监督管理人员的活动及行为。以我国新时期社会经济发展需求为前提建立现代企业制度，保证其在资本市场中实现战略发展目标，但在一定程度上，其受内在制衡机制影响，难以发挥实际价值。我国相关证券法律法规不健全，相关监督惩处机制不完善，惩罚力度不足，导致部分并不具备上市资格与条件的企业上市了，而主要目的是"圈钱",这也为后续会计舞弊提供了机会。与此同时,我国资本市场中的大多数控股股东一股独大,独自控制了董事会及公司财务部,小股东因权力微弱无法体现自身作用。过于扭曲的治理结构无法实现制衡机制效率,使得相关公司治理的内部控制极为薄弱,而缺乏监督与制衡的治理方式则为财务舞弊提供了滋生的土壤。

四、资本市场中防范会计舞弊行为的审计方法

(一)对审计报告进行编制,提出适当建议

为发挥会计实务功能,解决独立审计体制中存在的问题与缺陷并缩短投资者与市场经济需求的本质差距,应当提升独立审计职业标准,加强监管工作,在保证会计信息准确性与实效性的过程中完善现有监管,依据相关法规条例规范会计信息披露行为、制裁违规行为。提高违法成本使处罚具有威慑作用,所以,应当完善我国民事赔偿与刑事处罚制度,加大惩戒力度,依据我国资本市场的实际情况出台会计准则,优化控制标准体系,提升会计信息公信力,以保证资本市场的运行合法性与合理性。具体来说,外部审计的职能是对企业一系列的经济活动内容进行审查,从而确保其准确性与合法性。对企业的诚实经营产生促进作用,并对企业一些违法乱纪的问题进行规范。因此,审计部门也应提供管理建议书,对企业的会计监督工作提出一定的合理化建议。

(二)强化外部审计,评价企业会计管理

会计管理工作的大概内容是建立完善的岗位责任制明确采购与付款业务的界限,划分职责与权限,以相互制约、监督的方式确保不相容岗位能够各有所属、有序工作。明确规定办理采购与付款业务过程中任何单位不得在同一部门进行处理,以责任明晰划分的方式,提升工作效率与公信力。另外,还应当建立销售与收款业务岗位责任制,其目的是在明确职责与权限的同时分别设立销售、发货、收款三项部门,划分职能来审批及处理各项具体事宜,通过记录核查及催收等情况,分析汇报各部门的工作效果。

分别设立的部门职责各不相容,也需在一定范围内邀请不同人员分别担任负责人,其目的在于保护资源资产的安全性与完整性,以商户之约的方式明确债权、债务账目,对收入及相关费用的记录与登记,必须有两人以上共同负责,而在移交或接替相关程序中,应当以监督办理为主。除此之外,对于会计舞弊行为而言,有效的外部审计工作能够保证各项内容的客观性与公正性,在考察审计结果的过程中应要求内部审计人员积极配合外部审计人员的工作。同时,外部审计人员应通过对协调分工、交叉审核等多项程序方式的审计工作降低会计舞弊行为发生的概率、避免差错,在一定程度上提升整体防范效力,强化职业素养建设。应当对报告制度中现有的管理信息系统进行统一,提前预警,以报告的方式妥善处理。信息系统的应用以内部平台为主,明确了解与掌握企业控制制度,明晰自身所承担的职责与义务,提升整体管理效率,提高执行效率。提高会计工作

水平与效率应用，以电算化方式代替传统的纸质建造内容，加大对会计系统的安全防护，保证其有序运行，依据要求在人员的配置上进行严格筛选，明确各自的职责，以实现权衡制约。

（三）增强独立审计，遵循客观公正原则

在防范舞弊行为过程中，外部独立审计有着不可或缺的重要作用，注册会计师秉承客观、公正、独立的原则监督与控制经营工作。注册会计师与其他工作不同，它独立于受审对象，属于外部防线，而以防范舞弊行为角度为切入点能够明晰内部控制系统中存在的问题与薄弱环节。防范舞弊需求作为财务报告中应当体现的内容及所承担的责任，应是资本市场中防范舞弊的核心。注册会计师只有提升自身业务能力与职业道德素养，保证其职业水平能够满足新时期资本市场发展中的实质性需求，绝不姑息失职、渎职行为，增强独立审计效率，遵循客观公正原则，为构建社会主义和谐社会奠定良好的基础。

会计舞弊行为的形成原因极为复杂，其中夹杂制度问题，还对整体治理结构有较大的依赖性。完善社会主义经济法律制度，以多角度为切入点治理会计舞弊问题，建设相关机制以有效监管防范等措施，提升审计效力，能使各项工作有法可依，避免会计舞弊行为的发生。

第六章 资本市场环境下的财务会计

第一节 资本市场财务与会计问题

随着资本市场观念在我国的普及，资本市场发展和运营的环境越来越成熟。我国的会计准则和财务管理随着资本市场的发展而不断发生变化，因此，原有的财务会计准则业务会得到的相应完善和补充。

一、资本市场下财务和会计的本质与边界

（一）资本市场下财务会计的本质

资本市场的发展使得市场上参与的对象范围不断扩大，他们对于投资对象的信息需求也随之增加，并呈现出多样化的态势。但是，企业的财务会计信息并不能够满足所有投资者的投资需求。虽然企业财务会计信息的质量特征多种多样，但是对于一个投资者而言，有用的财务会计信息主要应满足相关性和可靠性的原则。众所周知，21世纪以来，上市公司的财务造假案例可谓层出不穷，这使得投资者对财务会计信息的可靠性产生了极大的质疑。在这种情况下，会计的理论界和实务界都提出，资本市场中的企业对外披露的财务会计信息更应该追求相关性。

资本市场的发展使得参与主体的范围不断扩大，使得有限的经济资源得到有效的运用，企业会计准则是对企业所提供的财务会计信息进行规范，它并不能够保证信息完全可靠和有用。另外，参与主体的不断扩大，不同利益主体之间的财务会计信息的需求不尽相同，企业的财务会计信息不能够满足资本市场上所有参与主体的信息需求。所以，企业会计准则的目的也包括使不同企业提供的财务会计信息更加规范，辅助投资者的进行投资决策。要想满足投资者对于企业财务会计信息的需求，会计信息的可靠性和相关性是其必须具备的相关标准。然而，在现实中，真正实现二者的统一是存在一定的困难的，在可靠性和相关性存在矛盾的时候，基于资本市场的要求，应当更加注重会计信息的相关性，这样才有利于投资者进行投资决策。

（二）资本市场下财务会计的边界

资本市场的发展使得经济业务的内容更加纷繁复杂，由于财务会计的边界主要体现在对财务信息的披露上，那么在资本市场中，财务会计信息披露的内容需要更加充实和完善。在我国，企业财务会计很受重视，而财务会计提供的信息是历史性的，企业会计准则也主要是对财务会计信息进行规范。在理论界和实务界，企业财务会计都得到了长足的发展。相比之下，企业管理会计受到的重视较弱，但是资本市场下的管理会计也存在着一系列的优点，这是传统的财务会计没有办法替代的。管理会计能够对企业现有的财务会计信息进行加工和整理，并且对企业未来的事项进行预测，能够满足企业未来发展的需求。此外，财务会计基本上是对上市公司的问题进行规范和研究，非上市公司的财务会计问题存在一定的漏洞，不能得到统一的整理和考究。19世纪90年代之前，财务和会计的边界较为清晰且固定地存在着。近年来，随着资本市场的发展，竞争日益激烈，在这种情况下，投资者财务会计信息量的需求不断加大。现阶段，企业大多变为股份制，这使得公司的所有权和经营权开始分离，也必然导致财务会计和管理会计的分离，并为公司不同的主体所利用。但是，资本市场的出现又使得二者存在着一定的联系，比如，在预测公司的价值和前景时必然会同时运用公司的财务会计和管理会计方面的信息，只有二者综合起来，才能准确反映公司的现状和未来。由此可见，企业财务会计在资本市场下会得到进一步的发展，而管理会计也会越来越受到理论界和实务界的重视，二者能够相互融合并为资本市场主体提供更加完善和有用的财务会计信息。

二、资本市场下财务和会计信息的作用

（一）为投资者提供对决策有用的信息

风险性是资本市场运行的一大特性，投资者在对其手中的资源进行配置时，需要分析资本市场上有用的财务会计信息，并对其进行整合和处理，只有这样，才会放心将手中的经济资源进行投放。相比其他国家而言，我国的资本市场还是不完善的，市场上的投资者对于财务会计信息的要求更加严格，可以说在我国证券市场的发展中，信息是不可或缺的因素。拿股票来讲，股票价格的波动能够在一定程度上对市场上的资源起到优化和配置作用，这主要是因为股票市场上的投资者根据市场上已有的财务会计信息而作出判断，并据此调整自己的需求，这才出现了股票价格的波动，而资本市场运行的效率与财务会计信息也存在着一定的关系。这些关系的运行机理主要体现在：资本市场上的公司提供的财务会计信息是可靠的，市场上的投资者根据自身的需求对这些财务会计信息进行分析和整合，以此来选择自身的投资目标，规避相关的风险。只有这样，才能够形成一个较为科学的投资决策，提高资本市场运行的效率和效果。可见，财务会计信息的特性直接影响着投资者的决策以及资本市场运行的效率。

（二）改变信息不对称、提高资本市场的运行效率

公司所有者和管理者的分离是资本市场运行的产物，由于公司的所有者并不参与企业的日常生产和经营，所以他们对于公司运行状况的了解并没有管理者那么清晰，这也就造成了信息的不对称现状。信息的不对称必然会使得所有者和管理者在地位上存在着被动和主动的关系。如果公司的所有者不能掌握公司的信息，那么其投资行为也必将存在着一定的风险，相反，管理者会运用这一便利的条件，为自身谋取利益。

企业财务会计信息的披露，能够使企业的所有者通过各种途径了解到企业的现状，精确预测自身的投资决策结果。一旦公司能够遵守企业会计准则的要求，向外界披露基本相关、可靠的财务会计信息，那么资本市场的参与者就能够准确把握企业的相关资产负债状况，从而利用市场机制实现优胜劣汰，最大限度地利用有限的经济资源，提高资本市场运行的效率。这无疑是资本市场上的一大进步，需要国家相关部门和市场运作主体的共同努力，这样才能够使资本市场上各方主体获得收益，促进资本市场效率的不断提升和进步。

（三）提高企业管理层的决策效率

传统的财务会计在资本市场下依旧占据着主导地位，它提供的财务会计信息是最能够满足资本市场上相对于外部使用者信息需求的。但是，随着资本市场的不断发展和进步，管理会计发展的步伐也在不断加快。

管理会计与企业财务会计的主要不同之处在于：财务会计所反映的信息主要是针对企业外部信息使用者的，而管理会计所反映的信息主要是为企业的管理者所运用的，也就是说它们的需求主体不同；财务会计的信息被动地反映着企业的历史财务会计信息，而管理会计则主动地对企业内部现有的财务会计信息进行加工和整理，并且能够为企业管理者的投资决策所利用。从我国现阶段资本市场发展的态势可以看出，管理会计越来越受到重视，它所反映的信息如果能够被企业的管理者所运用，那么企业的各项决策将有根有据，这样，企业作出的决策将更加科学。管理会计这门学科是对企业现有的财务会计信息进行系统的加工和整合后得到的，不过管理会计所能够反映出来的信息不再是单一的、表面的，它具有更深层次的意义，能够使企业的管理者看到企业的优势和不足，充分发挥本企业现有的资源，以期达到企业的最大价值。

（四）财务会计信息能够造成资本市场的波动起伏

财务会计信息能够反映企业特定时期的盈余状况，由于资本市场上的投资者大都是在企业发生盈利时买进，在企业发生亏损时卖出，这就会使得资本市场上的股票价格发生波动。这是由于除了财务信息以外，资本市场上的主体能够从其他方面获得有关企业的信息渠道很少，虽然财务会计所能够反映出的信息是历史信息，但是投资者能够根据企业以往的信息，对公司的未来发展进行预测，从而影响自身的投资决策。因此，投资者对企业盈

余状况的分析势必会使资本市场上股票的价格发生变动。

资本市场的发展离不开财务会计信息的支撑，也对财务会计信息相关性提出了更高的要求，它需要企业所提供的信息能够满足市场投资者的投资决策。另外，企业的财务和会计在资本市场下有着极其重要的作用，这应当引起相关主体的重视，只有这样才能最大限度地发挥其作用。

第二节　资本市场框架下的财务与会计作用

近年来，随着经济的发展和现代化进程的加快，资本市场在我国的发展和运营过程中越来越成熟。资本市场的不断变化促使我国的会计准则和财务管理也在不断地变化，因此我国的会计准则和财务管理也必须进行相应的变化。然而，目前，我国资本市场的财务和会计问题并没有得到足够的重视，还需要进一步采取措施来解决相应的问题。然而，要了解和分析资本框架下财务和会计问题，就必须了解资本市场框架下的财务和会计边界、资本市场中财会信息的作用。

由于资本市场中交易标的特殊性，它需要投资者对其投资对象有一个较为清晰的了解，此时财务会计就显得尤为重要了。然而，在资本市场中，部分管理人员为了自身的利益提供虚假会计信息，导致财务造假的案件越来越多，很多投资者都不再信任企业提供的财会报告，这使得我国企业的财会管理受到了很大的挑战。因此，我们应该对资本市场下企业的财会问题进行相应的分析，找出问题所在，并采取措施解决问题，才能使我国资本市场下财务会计的作用得到有效发挥。

一、资本市场框架下企业财务和会计的本质与差异

（一）资本市场框架下财务和会计的本质

近年来，我国资本市场中的参与者越来越多，范围也越来越广，说明资本市场上的投资空间很大，投资者对投资对象的信息要求更多。但是企业的财务和会计信息不可能全盘托出，难以满足投资者的所有需求，这就对我国财务会计的监管提出了新的要求。我国一直都致力于提高企业会计信息披露程度，但对于投资者来说，会计信息的真实性、相关性和可靠性更为重要。如今，随着资本市场的迅速扩展，企业会计信息的可靠性受到挑战，因此，资本市场框架下企业财务和会计工作的本质是提供能够满足投资者需求的、真实的、可靠的会计信息。

（二）资本市场框架下财务和会计的差异

在资本市场框架下，财务会计的边界主要体现在财务信息的披露上，财务会计更加重

视信息的可靠性。财务会计信息具有很强的历史性，反应的是企业过去的生产经营情况，但是财务会计也具有预见性，能够反映企业未来的发展态势，是一个具有很强的开放性的信息系统。资本市场的发展依托于现代更为完善的财务会计系统，但财务会计在管理层会受到制度化的影响，因此管理会计应运而生。此外，随着社会经济的发展，财务与会计的界限逐渐模糊起来，在这样的投资环境下，投资者需要大量的企业财会信息。为了适应资本市场的发展，满足我国投资者对信息的需求，我国企业提供的财会信息会更多，财务和会计的界限也更加模糊。随着资本市场上经营权和所有权的分离，企业的财务会计与管理会计也逐渐开始分离。但在资本市场上二者又是不可完全分离的，因此二者始终存在着一定的联系，公司的运营需要结合财务和会计工作，才能更好地发展，且只有当管理会计和财务会计相互融合时，才能为资本市场提供更加真实、可靠的信息。

二、资本市场下财务与会计信息的发展

（一）为投资者决策提供有用的信息

投资者在配置其资源时会根据资本市场上披露的会计信息进行决策，只有这样，投资者才能放心将其手中的资源投放到企业中。与其他国家相比，我国的资本市场还很不成熟，因此，真实可靠的会计信息对于维护我国资本市场正常运转、促进投资者合理决策具有重要作用，投资者只有根据真实可靠的会计信息才能调整自己的决策。

（二）减少市场摩擦，提高资本市场运行效率

企业的生产经营相对于投资者而言具有信息优势，这导致了生产经营者与所有者之间的信息不对称，造成主动与被动关系的形成。企业的投资者如果不能掌握企业真实可靠的财务会计信息的话，其投资就会产生很大的风险。而企业的经营管理者却可以利用信息优势牟利，投资者甄别信息的成本加剧了市场的摩擦。反之，真实可靠的信息有利于减少摩擦，提高效率。

（三）提高管理者的决策效率

在资本市场下，财务会计与传统会计的主要区别在于前者是针对投资者的，便于投资者进行投资决策；后者是针对管理者的，便于管理者对企业进行管理。只有将传统的财务会计和管理会计相结合，企业的管理者才能通过财务会计和管理会计了解更多有关于企业生产经营的信息，有利于管理者进行决策。

随着我国社会经济的发展和资本市场的完善，资本市场迫切需要市场参与者提供完善的财务会计信息，资本市场的发展必须依靠有效的财务会计信息。企业提供的财务会计信息必须要满足市场的需求，满足投资者正确合理的决策要求，以分配其手中的资源。但目前我国资本市场的财会信息还存在着很多的问题，会计造假行为屡见不鲜。这就需要我国

加强对资本市场框架下的财务会计问题进行研究，尤其是在财务会计信息披露方面，找出切实可行的解决办法，这样才能提高我国财务会计信息的真实性、可靠性和有效性。

三、财务会计信息在资本市场的作用

在资本市场中，财务会计信息是必不可少的，它是联系上市公司和投资者的纽带，是投资者进行投资决策的依据。

资本市场是政府、企业筹集长期资金的重要场所，是市场经济的重要组成部分。资本市场可以说是一个国家市场体系中的核心，它不仅能促进社会资源的有效配置和资产的有效分布，也是信息的聚集地、企业家名誉的竞争性市场，是现代企业制度的一部分。在现代市场经济中，证券市场尤其是股票市场占据着重要的地位，它是企业筹集长期资金的重要场所，对调节资金流向、促进社会资源的有效配置起着举足轻重的作用。就目前我国的发展状况而言，财务会计信息在资本市场的作用主要有以下几点：

（一）消除信息的不对称性，使市场的运行更具有效率

资本市场中的信息不对称可以分为两种形式，一种形式是逆向选择。这种信息的不对称是由于一方拥有别人无法拥有的知识而形成的。合约的其他各方都能通过减少信息的不对称获利，如投资者对上市公司的质量或公司前景的披露没有信心、股东对他们雇佣的管理者的才能不信任等，这时上市公司就可通过有信誉地向投资者披露其真实的质量来获得更高的股票价格。在资本市场中，更令人关注的逆向选择问题是内幕信息。一般来讲，企业的管理者和其他内部人员比外部投资者更了解企业的现状和未来的前景，他们甚至通过操纵信息的披露保持其信息的优势，导致投资者不能作出正确的投资决策。对投资者来讲，由于他们知道公司的信息不能被公正地揭示，导致他们不愿购买公司股票，这样一来，资本市场就不能充分发挥其功能。

资本市场上信息不对称的第二种形式是道德风险。它是指合约的某一方行为的不可观察性影响了双方利益，由于管理者为股东工作的努力程度是不可观测的，所以他就有"偷懒"的机会，然后把公司经营业绩的下降归咎于不可控的客观原因，显然，这种情况必将严重损害投资者的利益和经济运行的效率。消除信息的不对称性要从两个相互补充的方面来控制道德风险：第一是把会计报告的收益作为可执行合同变量（比如超额分成）来激励管理者努力工作；第二是会计报告的收益不仅在股票市场传播，也会在经理人员的劳动力市场传播。这样，管理者的"偷懒"行为将会使自己承受个人收入、名誉等的损失，自己的人力资本市场价值也就会大大下降。总之，在资本市场中，会计的作用在于消除信息的不对称性，使市场的运行更有效率。

（二）为决策者提供决策信息

当今社会，证券市场的发达程度已经成为一个国家市场经济完善程度和经济发展水平的重要标志。证券市场中的信息是必不可少的，它是联系上市公司和投资者的纽带，是投资者进行投资决策的依据，而股票价格则是实现资源有效配置的机制。人们依据信息进行判断、预测并采取行动，从而引起股票供需关系的变化和推动股价的上下波动。因此，股票价格变动是对证券市场上某种信息作出的反应，而对资本市场效率的研究也体现了股票价格对信息做出反应的有效程度。可见，会计信息、股票价格及资本市场效率三者之间存在着密切的内在联系。

现代社会是一个信息社会，信息充斥着社会的每一个角落。证券市场更是一个信息的聚集地，投资者、债权人以及与企业有方方面面利害关系的个人或集团，都需要了解企业的财务状况和经营成果，并依据这些信息进行投资和信贷决策。所以，会计的首要目标就是为决策者提供决策有用信息。有专家学者从证券市场的角度出发，提出了两个会计目标：一是会计信息的披露应该能够促进资源的最优配置；二是会计信息的披露有利于投资者形成一个合理的证券投资组合。可以说，这两个目标对证券市场而言更具体且更有针对性。事实上，会计信息披露的这一作用是显而易见的。当市场披露了有用的信息，投资者在权衡不同证券价格所反映的风险和报酬的基础上，作出购买、持有和转让的决策并采取相应的行动，形成一个合理的证券投资组合，同时也将资金引向了生产效率高、效益好的企业或行业，使它们筹集到了必要的资本，进而获得丰厚的利润。所以，一个有效率的资本市场总是能迅速、准确地把资本导向收益最高的企业。

综合上述观点，笔者认为，会计信息披露的目标旨在提高资本市场效率。事实上，并不是所有的信息都会影响股票的价格，只有那些使决定公司价值的预期因素发生改变的信息才会反映在股价中，如公司的财务状况、股利分配政策、产品质量、政府的宏观经济政策等，这些信息的出现会立即改变人们对公司未来现金流量和贴现率的预期。因此，只有有助于投资者对公司价值产生合理预期的信息才是有用的。会计信息一般应具备两个质量特征，即可靠性与相关性，而如何做到这一点，这就涉及会计政策的选择问题。因此，还需要从会计准则的制订入手，并广泛征集用户意见，真正提供有价值的信息。

在证券市场上，用户的信息需求是多种多样的，不同的用户对信息的偏好程度也不一样，即使是同一类用户，由于他们使用的分析方法和偏好存在差异，他们需求的信息也各有不同。信息披露者的责任是满足他们的这些需求，但是并不可能把信息披露细化到满足每个人的需要和每个投资者都能理解的程度。因为，一方面，上市公司在信息披露时要受到成本的制约。按照经济学原理，企业只有在边际成本小于边际收益的前提下，才会进行信息披露，并且会有一个效益最高点。虽然成本效益很难被直接计量，但大致可以进行估计判断。另一方面，并不是所有的投资者都会试图去解释会计信息对证券价格的影响，他们可能不具备这方面的知识和能力，或者不愿投入过多的精力去分析研究，而是采取"搭便车"的方式，或者将投资分析的任务委托给机构投资者，因为机构投资者有更多的知识和技术去解释会计信息对股票价格的影响，它们花费的成本往往比众多单个投资者所花成本的总和小得多。因此，会计信息披露到机构投资者可理解的程度就可以了，这样也可以减少公司披露信息的成本。可见，建立一个有效的会计信息披露制度，是实现资源有效配置和保护投资者利益必不可少的手段，它有助于资本市场的发展。

（三）会计盈余信息影响股票价格的变动

会计盈余信息被认为是最重要的会计信息，也是使用者最关心的信息。当期公布的会计信息中的会计盈余数据会直接影响信息使用者对未来会计盈余的判断，现行会计盈余是对本期经营成果的反映。在现实世界中（不完善或不完全市场），我们无法确切地知道未来可能会发生的事项及其概率分布，所以我们只能依赖历史资料预测未来。会计盈余虽然是对历史成果的反映，但它提供了预见公司未来发展前景的基础。按照可持续性大小，会计盈余项目可以分为两类：永久性盈余项目和暂时性盈余项目。永久性盈余项目预期不仅会影响当期的会计盈余，还会影响公司未来的会计盈余，如公司对组织机构和管理方式进行改造，引入新的管理方式，削减职工人数，成功地降低了公司的管理费用，提高了经营效率，其在利润表上的体现就是当期的收入增加、成本降低、利润提高。同时，在可以预见的将来，公司取得的这一部分利润会一直持续下去。而暂时性盈余项目只影响当期的会计盈余，不会影响公司未来的会计盈余。所以，信息使用者可以根据当期的会计盈余信息来判断哪些是永久性盈余项目，哪些是暂时性盈余项目，从而确定未来会计盈余的预期值。

影响未来股利的因素很多，然而在影响未来股利的众多因素中，未来会计盈余是影响未来股利的一个重要因素。有些学者认为，未来会计盈余是未来股利支付能力的指示器。有关经验证据显示，盈余变动和股利变动是相互关联的，因此，一般情况下，未来会计盈余与未来股利之间是具有相关性的。最普通也是最简单的假设之一是，未来会计盈余与未来股利是通过一个不随时间变化而变化的股利支付比率联结起来的，虽然未来股利与企业所采用的股利支付政策有很大关系，但是不管企业采用何种股利支付政策，未来会计盈余与未来股利具有某种程度上的相关性是毋庸置疑的。按照通行的财务理论观点，一家公司的股票价格是由其未来的现金流量（即股利）按一定的贴现率进行折现的现值，所以，股票价格可以被看成是未来股利预期价值的一个函数。

总之，现行会计盈余能影响预期未来会计盈余，未来会计盈余与未来股利相联系，而未来股利又与股票价格相联系，因此，现行会计盈余与股票价格就具有了紧密的联系，现行会计盈余的变动与股票价格的变动也就具有了紧密的联系。因此，对会计信息与股票价格之间的关系所进行的验证，均是围绕着会计信息特别是会计盈余信息的发布或变动在何种程度上会导致股价也发生同方向变动而展开的。

第三节　资本市场与财务会计目标

本节介绍了"决策有用"和"受托责任"两种财务会计目标的适用条件，分析了我国资本市场的发展状况。我国目前的财务会计目标将"受托责任"与"决策有用"并提，且侧重于"受托责任"，是与我国资本市场的发展状况相适应的。随着资本市场的逐步标准化、国际化，我国财务会计目标中的"决策有用"性将逐渐被强化，从而与国际联合财务会计概念框架趋同。

国际联合财务会计概念框架的制定，突显了国际会计准则趋同的态势。我国当前的会计准则与国际会计准则仍然有一定差异。笔者认为，准则的趋同首先应是财务会计概念框架的趋同，脱离财务会计概念框架趋同的准则趋同只会成为一种伪趋同，财务会计概念框架的趋同可以更好地指导准则的趋同。

会计目标是会计理论研究的起点，其他的理论或概念是服务于财务会计目标的。在联合财务会计概念框架中，美国财务会计准则委员会与国际会计准则理事会将"决策有用"作为财务会计的目标，而不提"受托责任"。两种不同的提法构成了财务会计目标的差异。那么，在可预见的将来，中国和国际上的财务会计目标是否有统一的可能性，这就是下文要探讨的问题。

一、"受托责任"与"决策有用"

"受托责任"，指资源的管理者对资源的所有者进行有效经营和管理的责任。"受托责任"一般要求委托代理关系明确才能够得到明确的履行。在受托责任观下，投资者更关心资本保值增值，以及管理业绩和现金股利的金额及其发放时间安排和相关不确定性等；使用者关注的是资本保全，以及经营业绩和现金流量等信息。投资者通过财务报告提供的信息进行决策，追求投资增值和回报的最大化。

美国财务会计准则委员会的财务会计概念框架中采纳的是"决策有用"观。"决策有用"观主要强调财务会计目标应等同于财务报表目标，认为财务报告必须提供有利于现有和潜在投资者进行投资和信贷决策的有用信息，必须有助于现有和潜在投资者、债权人以及相关财务报告使用者评估不确定信息，必须提供有关企业经济资源及其要求权和发生变动的有关信息。它认为以权责发生制为基础得到的有关企业利润的信息，比单纯依靠现金收付说明的财务情况更可作为明确指标，以说明企业获得现金流量现时和持久的能力。财务报告具有通用性。根据现在的投资人和潜在的投资人、债权人、供应商、职工、管理人员、董事、客户、证券分析师、税务部门、主管部门、立法机构、工会、新闻媒体等，对企业的经济利害关系和需要了解的企业情况作出各自的经济决策，他们都是财务报告的使用者。在"决策有用"观的主导下，财务报告信息被投资人、债权人、职工、政府有关部门等作为重要的决策依据。

理论界对财务会计目标的两种观点的研究已久。一般认为，从谁需要会计信息的角度来看，"受托责任"观和"决策有用"观几乎没有什么差别；但从会计信息的用途来说，"受托责任"观强调财务报告反映受托人对受托责任的履行情况，它不太关心委托人如何利用财务报表；而"决策有用"观不仅关注受托责任的履行情况，还关注财务报表中反映的信息对会计信息使用者进行各种决策的参考意义。"受托责任"观把会计信息的重点放在有关企业经营业绩等反映受托责任履行情况的有效性上，而"决策有用"观除了关注有关企业经营业绩的信息外，还特别关注对决策有用的其他信息，如有关企业未来现金流动的金额、时间分布及其不确定性等方面的信息。"受托责任"观要求财务报告更多地体现过去的、客观的会计信息；"决策有用"观则要求财务报告不仅体现过去的、客观的会计信息，还要体现面向未来的、与决策可能相关的其他会计信息。一般来说，受托责任的履行情况信息只是决策有用信息的一部分，可以把会计确定受托责任的作用看作从属于决策的作用，它是决策作用的一部分。

决策可以分为内部决策和外部决策，内部决策者较外部决策者总是会拥有更多的信息，所以一般来说，外部信息使用者的决策会更加受到重视。在众多的外部决策者当中，主要决策集中在两权分离状态下投资者的决策，这种原始的决策类型便特别强调"受托责任"。随着资本市场的产生和发展，信息的外部使用者逐渐增多，委托关系也逐渐淡化，一些资本市场的投资者更多地表现为投机者，他们不关心企业的未来盈利状况，只关心企业的股价能否给自己带来差价收益；或者他们即使关心企业的未来盈利状况，也是为其短期投机目标服务的。因此，从这个角度来看，考查管理层的"受托责任"已经成为股东决策的一部分，也就是说，"受托责任"已经开始隶属于"决策有用"。由此看来，"受托责任"完全可以作为"决策有用"的一个子集，或者说作为解释"决策有用"观点的一个部分被提出来。国际上新出现的联合财务会计概念框架也证实了这一趋势。

二、影响中国财务会计目标的因素

我国目前的财务会计概念框架当中仍然将"受托责任"与"决策有用"并提，而且理论界也普遍认为我国更强调受托责任。为什么会产生这种现象呢？

总的来说，影响中我国财务会计目标的因素主要有三个方面：

（一）公司治理水平

我国的公司治理水平有待提高，如由于特殊的国情，我国自改革开放发展到现在，国有股在很多企业当中仍然占有很大比重，国家是主要的信息使用者。

（二）市场需求

我国资本市场发展时间不长，还不够成熟，市场规范也不够完善，市场上的决策需求不强，作为在转轨过程中快速成长起来的新兴市场，不可避免存在一些历史遗留问题和结构性矛盾。资本市场建立初期，由于改革不配套和制度设计上存在的局限性，市场发育还很不健全，人们对资本市场发展规律的认识还有待深入。从本质上讲，资本市场发展中遇到的问题，只有在发展中才能逐步得到解决。

（三）文化因素

我国的集体主义文化强调，信息主要是为国家服务的。文化的规范力就在于如果文化深入人心了，那么规章制度就可以相应地减少。文化作为一个引起差异的因素，并不会对财务会计目标日后的统一起阻碍作用；相反，有这样一种文化深入人心，为我们略去"受托责任"观提供了有利的条件。至于公司治理水平，它本身也是属于资本市场范畴内的。因此，可以说我国资本市场的发展状况，将最终决定会计目标的取向。

三、资本市场发展现状与财务会计目标

我国的资本市场在规模和结构等方面与成熟市场以及一些新兴市场相比，同样还存在较大差距。这主要表现在以下几个方面：

（一）规模有待进一步发展

"受托责任"观更关注企业资源的保值增值，而"决策有用"观则更侧重企业在资本市场的表现。因此，小规模的资本市场不能成为大多数企业筹资的主要场所，这导致市场上的决策需求不足，从而不能拥有"决策有用"的显著特点。

（二）深圳证券交易所的中小企业板块还处于发展初期，规模小、行业覆盖面较窄

中小企业板块的上市标准较主板要低，它可以拓宽资本市场的范围，扩大"决策有用"这一会计目标的适用范围。

（三）创业板刚刚起步

创业板市场能为中小型企业提供直接融资平台，它不同于深交所的中小企业板块，它的上市标准较中小企业板更低。也就是说，创业板可以再进一步扩大中国上市公司的数量，即进一步扩大"决策有用"这一会计目标的适用范围。

（四）公司治理水平有待提高

国有股一股独大、内部人控制现象等问题，使得"受托责任"仍至关重要。股权分置改革使得中国资本市场在市场基础制度层面上，与国际市场不再有本质的差别。但是，我国的公司治理水平却普遍存在诸多问题，如部分国有上市公司代表缺位；政府官员的行政干预；一些上市公司一股独大，缺乏多元股权制衡；"三会"运作流于形式；内部人控制问题严重；对高管人员的激励和约束都不足等。另外，外部监管不力，法律法规也不尽完善。

（五）机构投资者规模偏小，投资者结构发展不平衡

机构投资者对市场投资者素质的改善十分重要。国际经验表明，一个由投资基金占主导地位的证券市场，可以将市场的固有投机性控制在一个合理的水平。我国资本市场处于发展初期，投资者以散户为主，没有真正意义上的机构投资者。我国于 1998 年才开始推动基金业的发展。2000 年，中国证监会提出"超常规发展机构投资者"。机构投资者的规模如果能够得到迅速发展，"决策有用"也将逐步成为我国财务会计的目标。

目前，市场上的投资者素质普遍偏低，很多投资者没有投资相关知识，加上市场信息机制的不健全，使得公司的股价呈现出一种"反决定"现象。市场上的投机者大大多于投资者，他们主要关心的是股价波动造成的盈利，而不是股价波动反映的公司经营状况。本来应该是由公司经营业绩好坏的信息引导投资者进行是否投资的决策，进而造成股价波动，但是却因为短期投机者的大量介入，使得股价的波动成为投资者是否"用脚投票"的重要影响因素。正如中国政策科学研究会常务理事徐洪才所说："我国证券市场属于需求拉动型市场，证券价格上涨不完全取决于上市公司业绩的提高，而是由不断涌入市场的资金所推动的。"也就是说，这使得投资者的决策需要依据财务信息以外的市场信息，财务报告的"决策有用"需求较弱。

（六）股票发行体制不完善，不能充分发挥市场作用

股票定价的市场化，是财务报告"决策有用性"的一个很好体现。在具备条件的情况下（市场完善、投资者素质得到提高），市场上的需求者可以根据财务报告评价企业的经营状况，并同时预测企业的长期盈利能力，从而估算企业的股票价格。但是，我国资本市场处于发展初期，股票的发行实行的是审批制，到 2001 年 3 月才开始实行核准制。《上市公司证券发行管理办法》《首次公开发行股票并上市管理办法》和《证券发行与承销管理办法》等一系列管理办法及相应配套规则的先后出台，才使得证券发行的市场约束机制得到强化。在此基础之上，股票发行定价制度才由市场主导取代行政主导。在一些发达国家，股票发行采取的是注册制，股票定价更加市场化，发行程序更为便捷和标准化，而这对进一步扩大资本市场来说是十分重要的。从这方面来讲，我国与发达国家还是有一定差距的。

中国证监会 2008 年发布的《中国资本市场发展报告》提出了中国资本市场发展的战

略措施（2008—2020 年）。其中包括：推进多层次股票市场体系建设；完善公司治理结构；促进公平和有效竞争格局的形成；推进对外开放，加强国际合作。笔者认为，这些举措将使"受托责任"进一步得到保证，同时将使我国的资本市场进一步向国际市场靠拢，迈向国际化、标准化，这也意味着"决策有用"观将更适合中国的资本市场。

由以上分析可知，我国的财务会计目标主要是由资本市场的发展程度决定的。在我国财务会计目标的国际趋同过程当中，会计目标的"决策有用"观将逐渐被强化，而"受托责任"观将因资本市场的完善而得到充分地保障，从而退出历史舞台。随着资本市场的迅速发展，我国的财务概念框架必将与国际联合财务会计概念框架逐步趋同。

第四节　资本市场会计信息披露问题

企业会计信息综合反映了企业一段时期的经营活动结果，是资本市场信息的主要来源，会计信息的质量与资本市场的发展和运转有直接联系。

企业会计信息反映了企业的业绩及发展前景，是经济运行的基础，对资本市场的发展有重要影响。资本市场应完善监管制度，加大惩处力度，保证对会计信息披露的真实性、合法性以及对其的充分利用。本节对会计信息披露相关问题出现的失真现象及其原因进行分析，并提出相应的对策建议。

一、资本市场会计信息披露现状

（一）会计信息虚假披露

公开披露的会计信息对上市公司利益相关者进行筹资、投资和生产经营决策的影响越来越大，而有些上市企业为了获得资金，粉饰会计信息、虚构盈利的经营状况、美化经营业绩，这样不仅误导了利益相关者，还扰乱了资本市场秩序。

（1）有些企业为了获取利益而违反法律法规和会计制度的规定，采取账实不符、会计凭证不完整、捏造虚假交易、账务处理随意等方式粉饰会计信息，形成虚假的财务报告，提供不真实的业绩，通过虚增利润，内部调控股票价格，影响股价走势，损害了投资者的利益，也给证券市场带来极大风险。

（2）某些上市公司利用会计政策的一些漏洞，采用不适当的会计估计和复杂的关联交易虚构财务报表项目，采取"账外账"的手段逃避监管。

（3）一些上市公司经常以保护商业机密为借口，隐瞒企业运营的实际情况，如企业利润下降等；对会计信息的披露不完全，没有真实披露资产负债表项目中某些易受人为调节的数据，如长期待摊费用等；对资产负债表日后事项等项目也没有进行充分披露。

（二）会计信息披露不充分

完善的会计信息披露制度能保障资本市场的正常运转。目前，有关会计信息披露的规定很多，严格执行这些规定可以改善当前资本市场会计信息的状况。但很多企业并不严格遵守，实际执行结果差强人意，披露不相关甚至不真实的会计信息，影响投资者的决策。信息披露过多或信息披露不足会使投资者因信息不对称而遭受损失，不利于高效的资本市场交易的形成。

（三）会计信息披露不及时且随意性较大

会计信息之所以要具备及时性，是因为及时披露会计信息可以让信息使用者充分、正确了解公司的财务状况和经营成果，准确把握公司的最新发展状况，一旦信息披露不及时，就会失去它的决策价值。根据中国证监会有关规定，公司应当及时披露可能对价格产生重大影响的事件。可是一些上市企业不能及时公开月报、半年报和需要临时披露的会计信息，造成会计信息的使用价值减少，对企业的决策经营造成严重影响；许多公司的会计信息披露也比较模糊，夸大有用的会计信息，隐藏或修改不利信息。

二、会计信息披露失实的原因

目前，我国已出现较多会计信息虚假披露的情况，要找到治理会计信息失真的办法就要深究其产生的根源。

（一）利益驱动

我国金融机构的贷款难度相对较高，限制性要求多，而会计信息是金融机构准确判断企业资信能力和营运能力的依据。为获取金融机构的贷款，企业往往会选择修改于己不利的会计信息，虚构一些财务指标，从而获得银行贷款。有的上市公司业绩平平，发展前景不乐观，面临着成为"特殊处理"股票的风险，想通过增发股票、提高股票价格，从资本市场中获得融资，弥补已经出现的亏损，尤其是已经连续两年出现亏损的上市公司，为了留住企业上市主体资格，就可能会通过虚构会计报表来欺骗投资者。

（二）资本市场本身的制度缺陷

我国资本市场的建立发展与市场机制缺失、市场结构单一与市场行政化等共生共存，导致资本市场本身就存在一定的缺陷，如上市标准不严格、资本市场监管制度不规范、社会化监督体系不健全等。虽然我国资本市场在不断发展，相关的法律法规也不断完善，但一些上市公司依然缺少诚信和自律观念。

现有市场准入制度约束的作用也得不到具体充分的落实。一些公司通过各种手段进行虚假粉饰后上市，由于其本身运营能力或规模并未达到标准，上市后盈利能力甚至会下降。这种不规范的运作过程会促使企业依靠虚构粉饰企业会计信息保住上市资源，造成会计信息失真的现象。而证监会的监管力度不足，不能及时发现并制止。即使发现了也并未严惩，使得会计信息造假成本很低，成本与收益的不对称助长了这些现象。

三、解决资本市场的会计信息披露问题的对策

（一）完善相关的制度法律

1. 政府需建立健全资本市场会计信息披露制度

政府制定和出台相关政策时要公开、公正、透明，一旦政策出台，就要严格执行，加大改革的力度，坚持公平对待的原则，建立企业对职能部门评价机制，督促相关部门切实落实高效公正的监管工作，这样才能遏制企业以虚假手段掩盖真实运营状况的行为，让资本市场良性、高效、有序地运行。

2. 提升会计人才队伍建设，强化内部控制制度

整体而言，我国会计人员的专业水平还比较低，综合能力不够强，并且，随着市场经济体制的改革和发展，我国会计人员需要掌握和了解的内容、政策法规越来越多，会计人员素质与会计信息质量紧密相关，企业在不断发展过程中，应该加强对会计人员的考核，定期对企业财务人员进行培训，建立健全会计从业人员准入制度，完善会计管理规章制度。同时，制定相关内部控制制度，优化公司治理结构，要确保管理层和董事会的独立运作，充分发挥独立董事的作用，建立健全激励约束机制。会计机构、会计人员要明确责任范围，做到不相容职务互相分离，依法履行职责，并与公司的其他部门相互独立、相互制约、相互监督，加强内部审计，明确监督程序，明确周转经营资金的限制、资产存货的范围和期限以及组织程序。

（二）加强资本市场监管

1. 加强企业上市后的规范运作

企业上市后如果不按照现代企业制度的相应要求进行管理和经营，会导致公司内部结构不规范，这样一来，公司的平衡是不可能实现的，投资者的利益也必然受到侵害，此时，应立即采取措施制止，使资本市场上市公司的运营更加规范化。不仅要加强上市前的审计，还要注重上市后的监督管理。加快完善信息披露制度，建立强制性的有效信息披露制度，提升证券市场的透明度，严格惩戒操纵市场、内幕交易等行为，保护投资者的利益。

2. 加强职业培训，提高会计人员的专业素养和职业操守

资本市场中道德教育对经济人的约束力和法律比较起来虽稍弱，但是面对各经济主体进行诚信教育以及道德教育，使其具备较高德行修养的公民行为特征仍是不可或缺的要求。

法律的约束始终要依靠道德的底线，如果各经济主体都能够坚守自己的道德标准，规范自身行为，那么对资本市场的会计信息失实现象的控制应该会达到非常好的效果。

（三）对会计信息舞弊现象进行严惩

严惩违法违规行为，防止出现成本与收益不对称，而导致的粉饰会计信息的现象。法律制裁应针对会计主体、中介等机构，如此，监管作用才能真正落实。加强证券管理部门的监管力度，加强实时监管，及时发现、制止违法行为，严惩欺诈、市场操纵等违法违规行为；加强审计监督，提高注册会计师的独立性，对会计师事务所进行改革，接受业务委托的方式和支付方式，明确金融中介机构、上市公司的职责。除此之外，对会计师事务所的监管也要加强，加强对违法注册会计师的惩处，治理会计信息失实的现象。同时，要通过制度改革，建立健全、有效的监督机制，从而形成明确的责任监督机制。

第五节　基于财务柔性的企业价值实现路径

企业价值最大化是财务柔性的管理目标，本节通过梳理财务柔性与企业价值的国内外相关文献，详细阐述了财务柔性帮助实现企业价值最大化的两条路径，即从资本市场路径讨论，我们发现财务柔性储备有助于企业在不确定事件的冲击下抓住投资机会，实现价值的最大化；从产品市场讨论，我们发现财务柔性储备有助于企业在不确定事件的冲击下获得产品竞争优势，实施掠夺行为或者对实施掠夺者产生震慑效应，以助于实现企业价值最大化。

在全球金融危机中，大量财务柔性匮乏的企业破产倒闭，但财务柔性充裕的企业却能化危机为机遇，并发展壮大。对这些现象的关注和反思使得财务柔性研究成为当前财务学研究的一个前沿方向。

财务柔性是企业及时调用或获取财务资源，以便预防或利用不确定性事件，并实现企业价值最大化的能力。现有研究发现企业主要通过持有高额现金、保持低财务杠杆、选择合适的支付政策、优化负债结构和联合安排多项财务政策五个方面储备财务柔性。部分文献实证探讨了财务柔性对企业投融资行为的影响，也有部分文献针对财务柔性对企业业绩和价值的影响进行了研究。笔者发现，财务柔性的基本理论日益成熟，实证也逐渐发展。由概念可知，财务柔性的目标是实现企业价值最大化，那么，实践中的财务柔性是否能实现其目标企业价值最大化？如果能，财务柔性是如何实现企业价值最大化，且是通过什么路径实现的？对此，学术界至今未有文献对此进行综述。本节尝试在已有研究的基础上，梳理相关文献，并对此进行解答。

一、财务柔性与企业价值

学术界财务柔性对企业价值的影响关系存在不同观点。部分学者发现企业可以在关键时刻利用财务柔性来实现自身价值的最大化，然而部分学者则从理论视角出发提出了相悖的结论，认为财务柔性可能会降低企业价值。还有人认为，企业主要通过保持高现金持有量和低财务杠杆储备财务柔性，除了低财务杠杆带来的税收庇护效应以外，高现金持有量也会加重代理问题，因此我们发现过高的财务柔性可能对企业价值产生负面效应。学者姚禄仕和陈宏丰等人提出，在一定范围内，财务柔性会提高企业价值，而超过临界值后会降低企业价值，这是一种"倒U型"关系。实证表明，企业储备财务柔性的边际作用效果在不确定性因素较多时更显著，并且其出现作用拐点的数值在区间效应上也更大。可见，合理的财务柔性会帮助企业实现价值最大化。

财务柔性会通过资本市场路径帮助企业实现价值的最大化，但是并没有相关文献直接讨论财务柔性实现企业价值最大化的产品市场路径。接下来，笔者尝试梳理文献，证明该路径的可行性。

二、财务柔性的产品市场路径

学者汪应洛等认为，从企业的战略发展角度出发，柔性应当被视为一种战略资产，它是企业对大规模的、不确定的、对企业绩效具有重大影响的环境变化的适应能力。学者张长城认为，财务柔性的柔性管理可以培养企业核心竞争力。由于企业主要通过负债（资本结构）与现金持有储备财务柔性，所以大量文献从这两方面检验了财务柔性通过提高企业产品市场竞争力（掠夺行为），帮助企业实现价值的最大化。

从负债视角梳理文献，我们发现，企业会通过选择合适的负债比例储备财务柔性，增加企业竞争力，进而在未来实施掠夺行为或者避免风险。外国学者泰尔舍提出的"深口袋"理论认为，由于市场的不完全性，具有很强的融资能力即"深口袋企业"的在位者会对新进入市场的公司进行掠夺性竞争，使之陷入财务困境，从而增加其被逐出市场的可能性。部分研究指出财务杠杆高的公司往往难以存续，从投资方面讨论，对高负债企业而言，再继续投资正净现值的项目可能会受阻。

从市场角度讨论，对于缺乏资金（高负债）企业而言，低负债水平或者资金实力充足的竞争者更可能对其进行市场掠夺，其原有市场份额逐渐减小甚至可能退出市场，使得行业市场集中度上升，市场竞争程度逐渐弱化。学者朱武祥发现，公司债务比例的选择与未来市场竞争程度紧密相关，竞争越激烈债务比例越低，企业会选择较低的资本结构，也就产生了财务保守行为。

从现金持有角度梳理文献，我们发现，现金持有具有战略效应、市场竞争效应、震慑效应和价值效应。企业通过现金持有储存财务柔性，有利于震慑试图实施掠夺的企业，或自身进行掠夺。经济掠夺理论提出了一个基本命题：由于持有足够的现金可使企业实施更有利的产品市场竞争战略或可对竞争对手产生威慑作用，所以现金充裕的企业能够掠夺现金匮乏的竞争对手的市场份额进而提升自身的产品市场业绩。学者周婷婷和韩忠雪认为，掠夺风险是影响企业现金持有量的主导因素，他们发现，随着产品市场竞争程度的提高，企业现金持有量也会有所增加。外国学者豪沙尔特通过研究发现，企业的现金持有量和企业与竞争者在投资上的相互依存度有关，相互依存度越高，持有更多的现金以规避掠夺威胁的战略意义就越大。学者陆启丹和黎昌贵发现，企业超额现金持有动机与企业的融资成本、竞争对手的掠夺性程度等紧密相关，且超额现金持有动机的强烈程度与企业融资成本和竞争对手具有的掠夺性程度呈同向变化。

综上，我们发现在不确定事件发生时，财务柔性的储备有利于较强的企业进行掠夺行为从而获得市场份额或有利于较弱的企业借以震慑掠夺者，使自身在激烈的竞争中得以保全，保证企业价值在事件冲击下的最大化。我们认为，财务柔性会通过产品市场路径影响企业价值。

三、财务柔性与企业价值的研究总结

本节是财务柔性与企业价值的研究综述，在前人的理论基础上详细地梳理了财务柔性对企业价值的影响路径，重点呈现了财务柔性对企业价值的影响关系，并对两条影响路径——资本市场路径和产品市场路径进行了梳理。本节的综述对我国的研究有以下启示：

首先，财务柔性的研究中缺乏对重大不利冲击事件的讨论。纵观国内外文献可知，绝大部分研究仅注重正常经营环境研究，而对重大不利冲击（如金融危机冲击）环境的研究屈指可数。虽然企业通常在非危机环境中经营，但一次危机爆发足可让企业多年经营创造的价值尽数减损，甚至完全破产、倒闭，因此危机时期财务柔性的价值效应尤为显著。

其次，财务柔性的相关研究更多地研究了财务柔性与企业投融资行为，对产品市场的关注较少。部分文献从融资市场的视角，关注危机冲击下财务柔性如何对企业融、投资行为产生影响，而对财务柔性如何影响企业产品市场竞争，并进而影响企业价值的系统性研究尚未得见。

最后，已有研究仅聚焦于金融危机时期，缺乏对不同危机阶段行为与结果的关联性研究。处于危机各阶段的财务柔性企业会有截然不同的反应，但少见文献对此进行讨论。

参考文献

[1] 王靖涵.财务会计与管理会计融合发展分析 [J].合作经济与科技，2019（6）：186-187.

[2] 孙雅琼.财务会计与管理会计的融合研究 [J].财会研究，2015（8）.

[3] 余宏波.管理会计与财务会计在财务管理中的运用研究 [J].财会学习，2019（32）.

[4] 袁守亮.财务会计与管理会计的融合探索 [J].中国商论，2017（33）.

[5] 程晓鹤.管理会计与财务会计的融合探讨 [J].宏观经济管理，2017（S1）.

[6] 陈琳.管理会计与财务会计的融合探讨 [J].信息记录材料，2018，19（1）.

[7] 景秋云，姚好霞.法务会计在治理上市公司财务舞弊中的作用 [J].山西省政法管理干部学院学报，2019，32（4）.

[8] 陆小英.浅谈事业单位会计、行政单位会计与企业会计的异同 [J].现代经济信息，2011（20）：192-192.

[9] 白华.事业单位会计与企业单位会计财务处理的比照 [J].企业改革与管理，2015（8）：128.

[10] 秦飞.浅谈加强行政事业单位内部会计控制措施研究 [J].财会学习，2019，222（13）：139-140.

[11] 郭永凤.试论企业财务会计与事业单位会计的区别 [J].财经界（学术版），2017（2）：190.

[12] 李莉.事业单位会计与企业会计的区别 [J].环球市场信息导报，2017（41）：130.

[13] 程日光.财务收支审计中的分析与思考——基于基本建设财务收支审计 [J].现代商业，2017（10）.

[14] 丁旭.国有企业领导人员经济责任审计风险控制措施分析 [J].企业改革与管理，2017（2）.

[15] 苏三芬.建设项目管理审计的内容和管理策略 [J].住宅与房地产，2018（15）.

[16] 饶碧芳.新常态下企业审计工作的要点研究 [J].中国国际财经（中英文），2017（14）.

[17] 张馨.企业内部财务管理审计的探讨 [J].中国乡镇企业会计，2017（7）.

[18] 张颖.财务稽核与审计工作相结合的新型管理模式 [J].农电管理，2017（12）.